本书受中南财经政法大学出版基金资助

中南财经政法大学
青年学术文库

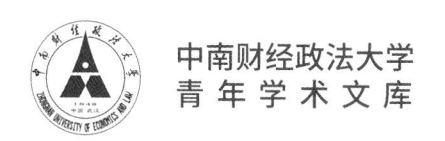

马志雄 ○ 著

被征地农民的生计策略研究

Study on the Livelihood Strategies of Land-expropriated Peasants

中国社会科学出版社

图书在版编目（CIP）数据

被征地农民的生计策略研究 / 马志雄著. —北京：中国社会科学出版社，2018.8

（中南财经政法大学青年学术文库）

ISBN 978-7-5203-2350-5

Ⅰ.①被… Ⅱ.①马… Ⅲ.①农民—生活状况—研究—中国 Ⅳ.①D422.7

中国版本图书馆 CIP 数据核字（2018）第 076168 号

出 版 人	赵剑英
责任编辑	徐沐熙
特约编辑	李荣融
责任校对	张泽天
责任印制	戴 宽
出　　版	中国社会科学出版社
社　　址	北京鼓楼西大街甲 158 号
邮　　编	100720
网　　址	http://www.csspw.cn
发 行 部	010-84083685
门 市 部	010-84029450
经　　销	新华书店及其他书店
印刷装订	北京君升印刷有限公司
版　　次	2018 年 8 月第 1 版
印　　次	2018 年 8 月第 1 次印刷
开　　本	710×1000　1/16
印　　张	11.75
插　　页	2
字　　数	182 千字
定　　价	38.00 元

凡购买中国社会科学出版社图书，如有质量问题请与本社营销中心联系调换
电话：010-84083683
版权所有　侵权必究

《中南财经政法大学青年学术文库》编辑委员会

主　任：杨灿明

副主任：吴汉东　姚　莉

委　员：（按姓氏笔画排序）

　　　　朱延福　朱新蓉　向书坚　刘可风　刘后振
　　　　张志宏　张新国　陈立华　陈景良　庞凤喜
　　　　姜　威　赵　曼　胡开忠　胡贤鑫　徐双敏
　　　　阎　伟　葛翔宇　董邦俊

主　编：姚　莉

序　言

随着我国经济发展和城市化的不断推进，大量农业用地转变为非农用地，越来越多的农民因此失去了赖以为生的土地，形成一个特殊的群体——失地农户。他们在失去土地后面临着生存和发展的困境，引发诸多社会问题，如何解决被征地农户的生计问题，不仅是城镇化、工业化发展的客观要求，更关系到国家的发展和社会的稳定。

党的十八届三中全会提出要建立城乡统一的建设用地市场，"在符合规划和用途管制的前提下，允许农村集体经营性建设用地出让、租赁、入股，实行与国有土地同等入市、同权同价。缩小征地范围，规范征地程序，完善对被征地农民合理、规范、多元保障机制"。2013 年 12 月中央城镇化工作会议也提出，要推进以人为核心的城镇化、以有序实现市民化为首要任务，坚持绿色循环低碳发展。

当前农村征地矛盾仍然呈现高发态势，思考征地矛盾的根源并提出相应的改进建议是本书的主旨。从被征地农户的角度，需要深入了解土地被征用之后，被征地农户的生计能力发生了怎样的变化？他们采取了怎样的生计策略？他们是怎样实施生计转型的？又是如何使用征地补偿款的？实施不同的生计策略达到了怎样的效果？对这些问题的解答使本书的研究不仅具有重要的理论意义，而且具有重要的现实意义。

本书以被征地农户作为研究对象，运用人口学、经济学、社会学等多学科的理论和方法，从可持续生计的理论框架入手，分析了被征地农户生计基本问题、生计能力变化、生计多样化策略、劳动力流动策略和补偿款使用策略以及生计策略实施效果，并对被征地农民生计转型政策提出富有针对性的政策建议。

全书共分为前言、正文、结论与政策建议四个部分。前言部分首先提出了本书的选题背景与研究意义，在此基础上确定研究目标和研究问题。其次构建本书研究的概念框架，对关键的概念，如被征地农户、生计策略、征地、生计转型、可行能力等进行界定，对本书的数据来源做了说明。再次结合相关理论与研究文献确定本书的研究内容与分析框架。最后对本书可能的创新点和研究局限进行分析。正文部分共包括8章内容。

第一章阐述了本书所研究问题的理论基础与研究动态，以便读者清楚本书是在前人怎样的研究基础上进行的知识拓展。第二章回溯了我国征地补偿安置政策的历史，这是为了让读者清楚本书研究与现实政策具有紧密联系。第三章刻画了当前被征地农户的基本生计问题与各种生计策略状况，方便读者建立本文所研究问题的图景。第四章深入分析了农户在被征地后的生计能力变化，本章揭示了被征地农户生计问题的本质是生计能力的缺乏。第五章从生计多样化策略的角度深入分析了其影响因素。第六章关注了被征地农户的另一重要生计策略——劳动力流动策略——的影响因素。第七章进一步关注了被征地农户补偿款使用策略的影响因素。第八章评价了被征地农户各种生计策略实施的效果。

最后是本书的结论与政策建议。

通过对被征地农户生计能力变化、生计多样化策略、劳动力流动策略、补偿款使用策略、生计策略实施效果等方面的一系列实证研究，获得了一些研究发现。具体包括：①总体上征地后农户的自然资本显著小于征地前的水平，而物质资本、金融资本则显著大于征地前的水平；②征地在直接降低每个农户自然资本的同时，并不会必然增加每个农户的物质资本和金融资本，仍有一定比例农户的物质资本和金融资本发生下降；③征地对农户的社会资本影响并不明显，社会资本在考察期内具有稳定性；④征地后农户物质资本与人力资本、金融资本、社会资本的紧密性降低，而金融资本与人力资本、社会资本的紧密性提高；⑤农户征地前的生计资本对征地后的生计资本存在正面影响，但各个维度的影响重要性存在差异；⑥由于农业经营存在规模经济，继续发展种养经营对被征地的贫困农户和中等农户不一定是有效率的选择；⑦人力资本提高有助于推动贫困农户从事种养以外经营活动并提高收入;⑧人力资本水平对贫困农户和中等农户获得雇佣机会并增收具有重要促进作用;⑨被征地农户实施生计多样化的能力依赖于一定的生计资本,生计资本的提高扩展了农户实施生计多样化的能力;⑩生计多样化是被征地农户获取可持续生计的重要途径,但当生计资本超过某个临界点后农户不再将生计多样化作为其最优的选择;⑪征地导致纯农户和兼业农户大幅减少,而非农就业和无就业的名义农户均明显增多,征地后劳动力流动的突出特征是集中在本地非农就业;⑫被征地劳动力就业决策不仅受到个体特征的影响,而且受到家庭层面和村级层面因素的影响;⑬家庭结构对被征地劳动力就业决策影响因素广泛存在调节作用;⑭性别对是否就业、是否本地非农就业、是否外地就业的影响显著,被征地女性就业机会低于男性;⑮受到婚姻和家庭责任的限制,被征地女性劳动力通常会选择在本地非农就业,在其他条件相同的情况下,未婚的青年被征地女性更容易就业;⑯被征地女性就业决策不仅受到个体特征影响,而且受到家庭层面和村级层面因素的共同影响;⑰农户征地补偿款用途显著受到征地后自然资本剩余量的影响,更多的自然资本剩余量阻碍了农户的专业化分工,最终对财富创造带来负面影响;⑱征地前物质资本和金融资本显著影响补偿款用途,在相同的补偿款使用策略下,征地前物质资本、金融资本、社会资本和人力资本均对农户生计产生积极影响;⑲被征地农户对补偿款既不会任意挥霍也不会全部留作养老,而是根据补偿款数量和户内资金需求作出生产性和生活性组合;⑳补偿款数量与用途相互配合,能显著影响农户征地后的家庭纯收入、物质资本、金融资本、社会资本的积累,当农户将补偿款用于生产性用途,同时补偿款较多时,有助于家庭纯收入、物质资本和金融资本的提高。

这些研究发现均表明,被征地农户生计能力的建设是实现农户生计转型的关键,支持被征地农户生计转型是征地政策目标的核心,而已有征地补偿安置政策存在的不足,亟待进一步改进。主要的政策建议既包括就业和社会保障方面的完善,也包括整个征地政策的战略性调整。就业和社会保障方面的建议包括:①加大对被征地贫困农户的培训力度;②鼓励被征地农户发展多样化生计;③通过补偿款支持农民发展生计;④就业支持政策应当"因户施策";⑤就业支持政策适当向被征地女性倾斜。征地政策战略性调整的建议包括：①试点"整村推进"的征地模式；②逐步取消强制征地制度；③有序加快被征地农民市民化的步伐；④适时出台《农村集体土地征收征用与补偿安置条例》。

目　录

前　言 ……………………………………………………………（1）
 第一节　选题背景与研究意义 ……………………………………（1）
  一　选题背景 ………………………………………………（1）
  二　研究意义 ………………………………………………（2）
 第二节　研究目标与研究内容 ……………………………………（4）
  一　研究目标 ………………………………………………（4）
  二　研究内容 ………………………………………………（5）
 第三节　研究思路与分析框架 ……………………………………（7）
  一　研究思路 ………………………………………………（7）
  二　分析框架 ………………………………………………（7）
 第四节　概念界定与数据来源 ……………………………………（9）
  一　基本概念界定 …………………………………………（9）
  二　数据来源说明 …………………………………………（12）
 第五节　本书的特色与不足 ………………………………………（13）
  一　主要的特色 ……………………………………………（13）
  二　存在的不足 ……………………………………………（14）

第一章　理论基础与研究动态 ……………………………………（15）
 第一节　相关理论基础 ……………………………………………（15）
  一　可持续生计框架 ………………………………………（15）
  二　农户决策理论 …………………………………………（17）
  三　家庭结构理论 …………………………………………（18）
 第二节　相关研究动态 ……………………………………………（22）

一　被征地农户福利状况的研究 …………………………… (22)
　　二　被征地农户就业和保障问题的研究 ………………………… (24)
　　三　征地补偿政策问题的研究 …………………………………… (25)
　　四　改进征地政策的前瞻性研究 ………………………………… (27)
　　五　研究动态评价 ………………………………………………… (30)

第二章　基于农户生计的征地补偿安置政策回溯 ………………… (32)
　第一节　国家征地补偿安置政策的演变 ……………………………… (33)
　　一　补偿安置的雏形阶段（1949年至1982年） ……………… (33)
　　二　政策框架基本形成阶段（1982年至2004年） …………… (33)
　　三　政策框架进一步调整阶段（2004年至2006年） ………… (34)
　　四　政策落实和规范化阶段（2007年至今） ………………… (35)
　　五　征地补偿安置政策的演变特征 ……………………………… (36)
　第二节　当前地方政府的补偿安置政策重点 ………………………… (36)
　　一　统一年产值标准和区片综合地价的实施 …………………… (36)
　　二　被征地农民基本养老保险的实施 …………………………… (38)
　第三节　生计转型需求与补偿安置政策供给的不足 ………………… (39)
　　一　生计转型需求与地方政府征地目标的冲突 ………………… (39)
　　二　缺乏支持农民生计转型的长远思维 ………………………… (41)
　　三　缺乏独立的养老保险资金安排 ……………………………… (41)
　　四　缺乏支持就业的可操作性措施 ……………………………… (42)
　　五　缺乏生计转型成本和城市融入成本的核算 ………………… (43)
　　六　缺乏平等的农民生计转型协商机制 ………………………… (43)

第三章　调查点被征地农户的基本生计问题与生计策略 …………… (45)
　第一节　被征地农户的基本生计问题 ………………………………… (45)
　　一　被征地与就业问题 …………………………………………… (45)
　　二　被征地与养老保障问题 ……………………………………… (46)
　　三　补偿标准和方式问题 ………………………………………… (47)
　　四　生活方式改变与适应问题 …………………………………… (48)
　第二节　被征地农户的基本生计策略 ………………………………… (49)

一　征地前后农户的生计活动变化 ………………………… (49)
　　二　征地前后农户的生计策略多样化 …………………… (50)
　　三　被征地农户的劳动力流动策略 ……………………… (53)
　　四　被征地农户补偿款使用策略 ………………………… (54)

第四章　被征地农户的生计能力变化分析 ……………………… (56)
　第一节　生计能力测量的理论分析 ………………………… (56)
　　一　可持续生计框架应用于被征地农户生计能力的可行性 …… (56)
　　二　被征地农户生计资本如何测量 ……………………… (57)
　　三　被征地农户生计能力测量思路 ……………………… (59)
　第二节　农户生计资本变量选取与因子综合得分 ………… (59)
　　一　农户生计资本的变量选取 …………………………… (59)
　　二　农户生计资本的因子综合得分计算 ………………… (61)
　第三节　征地前后农户各项生计资本增减变化分析 ……… (62)
　第四节　征地前后农户生计资本相关关系分析 …………… (64)
　　一　征地前后农户各项生计资本的 Pearson 相关分析 …… (64)
　　二　征地前后农户生计资本的偏相关和复相关分析 …… (66)
　第五节　结语 ………………………………………………… (68)

第五章　被征地农户生计多样化影响因素分析 …………………… (70)
　第一节　生计活动选择的影响因素分析 …………………… (71)
　　一　基本理论假设 ………………………………………… (71)
　　二　模型设定和变量处理 ………………………………… (72)
　　三　回归结果及其解释 …………………………………… (73)
　第二节　生计多样化选择的影响因素分析 ………………… (79)
　　一　可持续生计框架在被征地农户生计多样化中的应用 …… (79)
　　二　模型采用和变量选取 ………………………………… (80)
　　三　回归结果及其解释 …………………………………… (81)
　第三节　结语 ………………………………………………… (84)

第六章 被征地劳动力流动策略影响因素分析 (87)

第一节 劳动力流动影响因素的相关研究 (87)
第二节 基于家庭结构的劳动力就业影响因素分析 (92)
一 家庭结构对劳动力就业决策的调节机制 (92)
二 模型采用与变量选取 (96)
三 回归结果及其解释 (98)
四 回归结果的进一步讨论 (111)
第三节 基于性别和婚姻的劳动力就业影响因素分析 (115)
一 调查点劳动力性别和婚姻状况 (115)
二 模型采用与变量选取 (118)
三 回归结果及其解释 (119)
第四节 结语 (124)

第七章 被征地农户的补偿款使用影响因素分析 (127)

第一节 征地补偿款使用与农户生计转型的关系 (127)
第二节 补偿款使用影响因素分析 (128)
一 模型设定和变量处理 (128)
二 回归结果及其解释 (130)
第三节 结语 (132)

第八章 被征地农户生计策略实施效果分析 (134)

第一节 被征地农户生计活动实施效果分析 (134)
一 模型采用 (134)
二 回归结果与解释 (135)
第二节 被征地农户征地补偿款使用效果分析 (137)
一 模型采用 (137)
二 回归结果与解释 (137)
第三节 结语 (140)

结论与政策建议 (142)

第一节 研究结论 (142)

一　生计能力变化方面 …………………………………… (142)
　二　生计策略多样化方面 ………………………………… (143)
　三　劳动力流动策略方面 ………………………………… (143)
　四　生计策略实施效果方面 ……………………………… (145)
第二节　政策建议 ……………………………………………… (147)
　一　加强就业和社会保障支持的政策建议 …………………… (147)
　二　系统调整征地政策的建议 …………………………… (150)

参考文献 …………………………………………………………… (154)

附　录 ……………………………………………………………… (169)

后　记 ……………………………………………………………… (174)

前　言

第一节　选题背景与研究意义

一　选题背景

威廉·配第（William·Petty）曾说过："劳动是财富之父，土地是财富之母。"土地作为一种最基本的生产资料，是农民长期以来赖以生存的资源。土地具有的多种功能使得农民与土地更有一种天然的依存关系，作为农业生产的第一要素，土地的重要性不仅在于其承载功能和生产功能，更在于土地具有保障和就业等其他附加功能。首先，土地具有生活保障功能。对农民来说土地的福利功能远远超过土地的生产功能。在农村社会保障制度还不完善的前提下，土地作为农民的安身立命之本，为农民提供最基本的生活保障。其次，土地具有就业功能。土地能为劳动力提供就业岗位，具有容纳农村剩余劳动力的能力。再次，土地具有养老保障功能。当农民年老失去劳动能力时，可以从土地上获取农产品以保障老年生活。最后，土地还具有保值和增值功能。土地在农民生活中扮演着生产资料、经济基础、社会保障、繁衍发展等多种角色，农民失去土地，不仅丧失了生产和生活资料，还丧失了拥有土地带来的社会保障权利，同时又无法享受与城市居民同等的社会保障权利。现行的安置办法无法保障失地农民的养老、就业、医疗等问题。因此，农民一旦失去土地，就失去了基本生存的生活底线，成为既非农民，又非市民，既无地可耕，又无其他生存技能，生活无依无靠的弱势群体。

随着我国城市化、工业化的速度加快，土地征用成为一种普遍的社会现象。城市空间的扩张造成对周边农业用地的大量占用，出现了大批被征地农民。2011年中国失地农民的总量已经达到4000万—5000万人，按照2000—2030年占用耕地超过5450万亩，每年递增300万失地农民计算，2030年我国失地农民规模将达到1.1亿人（《中国城市发展报告》编委会编著，2013）。中国社会科学院最新发布的2013年《城市蓝皮书》指出"中国真实的城镇化率为42.2%，预计到2030年前全国大约有3.9亿农业转移人口需要实现市民化，其中存量约1.9亿，增量达2.0亿多"，而在这个庞大的需要实现市民化的群体中，被征地农民占据着很大的比例。农民失去了土地，就是失去了生活的来源，尽管在征地之初会有一定数额的征地补偿款，但是有些农户在拿到征地补偿款后"快速透支这笔未来生活的保障"，"只顾眼前消费，不管长远发展，以致于'坐吃山空'"，导致其最终陷入贫困的境地。因此被征地农户的长远生计问题亟待解决，农户必须转变生计方式，使得生计得以保持并持续好转，这就意味着农户必须实施新的生计策略。如何妥善解决被征地农民的生产、生活问题，使被征地农民不因被征地而降低其社会福利，甚至某种程度上增加其社会福利，成为解决征地所带来的被征地农民问题的关键，重视并解决好被征地农户的生计问题已成为当前的一项重要工作。

国内外的经验表明，征地是城市化发展的必要手段。但是，土地征用补偿往往导致政府和农民的利益冲突，近年来我国发生的各类群体性事件，多数是由征地引起的。处理好征地过程中的矛盾需要了解土地被征用之后，被征地农民面临着怎样的生计问题？失去土地后生计资本的变化引起生活方式和就业方式怎样的变化？他们又采取什么样的生计策略？他们是怎样实施生计转型的？他们是如何使用征地补偿款的？达到了怎样的效果？政府又实施了哪些征地政策？这些都需要做进一步的研究。了解农户在征地前后发生的变化才可能实施有效的干预政策，帮助被征地农户重建可持续生计。

二 研究意义

（一）现实意义

被征地农户数量的不断增加导致其生计资本发生急剧的变化，由此引发的被征地农户生活、生产、生存等问题日益突出，社会不稳定因素不断增多。近年来我国发生的各类群体性事件，多数是由征地引起的。征地作为经济发展的必要手段，加速了城市化进程，也加快了农村劳动力的转移，但征地对农户家庭生计的冲击也不可小觑。随着城市空间的扩展、基础设施建设的步伐加快和工业化水平的不断提升，大量的被征地农户不断从土地上被剥离出来。在加速城镇化和工业化的进程中，被征地农户的规模将进一步扩大，被征地农户问题也将更加突出。在推进城市化进程中，妥善解决被征地农户生计可持续，保障其合法权益已迫在眉睫。党的十八届三中全会通过的《决定》（全称《中共中央关于全面深化改革若干重大问题的决定》）提出，政府要进一步缩小征地范围，规范征地程序，同时完善被征地农户的合理、规范、多元保障机制。如何妥善解决被征地农民的生存和发展问题，是经济社会发展中一个不可忽视的重要问题，也是顺利推进城镇化、构建和谐社会、全面建设小康社会的一项重要任务。

如何妥善处理征地所带来的利益冲突，把农民的短期生存质量与长期发展能力结合起来，使农民不仅能得到充分的短期补偿，还具有长期可持续的生计发展能力，这是一个重要的问题。处理好征地过程中的矛盾需要了解征地给农民带来了怎样的冲击？征地前后农民的生计是如何变化的？只有深入了解农民在征地前后的生计策略才可能实施有效的干预政策，帮助被征地农户重建可持续生计。面对日益庞大的被征地农民群体，亟待采取相关政策措施，保证被征地农户利益不受损。由于补偿方式、补偿额度令农民不满意，屡屡导致被征地农户与政府之间产生冲突和矛盾。如何妥善安置被征地农民，避免征地纠纷，使被征地农民的生活水平不因征地而降低，是当前加快城乡一体化建设、维持社会稳定中重待解决的问题。处理和解决好征地过程中利益分配问题，尤其是弱势群体（农民）的福利问题，是一个刻不容缓的大问题。本书以被征地农户为主要研究对象，试图定量刻画其福利改变情况，并结合可持续生计等理论提供切实可行的政策建议，这不仅为解决征地过程中出现的问题扫除障碍，更是为统筹城乡发展提供了有意义的建议和举措，具有重要的现实意义。

（二）理论意义

当前农村土地的产权结构是，土地所有权为村集体所有，承包权和经营权为农户实际拥有，在"三权分置"背景下农户的土地经营权可以实现流转，土地承包经营权对农户来说是一种可以使用的生计资本。征地意味着农村土地的产权由村集体和村民所有，变更为政府所有。农民被征去土地，不仅仅意味着失去了生产资料，更由于土地对农民的承载、就业和福利等特殊作用，对被征地农民而言意义更加重大。征地是外部力量对农户生计系统的冲击，征地必然引起农户福利状况的变化。被征地意味着农户赖以开展生计活动的生计资本数量及其结构的急剧变化，农户必然主动或被动地采取策略应对，这些生计策略决定了新的生计是否可持续。被征地农户生计转型问题既与社会经济稳定发展有关，也与中国农村贫困治理目标息息相关。对于被征地农户的生计转型，考察他们的生计状况和福利变化是重要的，农户生计资本也是影响他们转型是否成功的重要因素，但作为具有主观能动性的人，农户所采取的应对措施，也是不可忽视的。征地后农户采取了怎样的生计活动？这些生计活动是否有助于他们实现生计转型？需要进行深入的分析。为了理解被征地农户的生计转型，必须揭示征地前后农户的生计活动发生了怎样的变化？是什么原因引起征地前后农户生计活动的变化？不同的生计活动会产生怎样的影响？农户家庭生计系统中劳动力是怎样重新配置和转移的？这些问题对深入理解被征地农户的生计转型，避免被征地农户陷入贫困，具有重要的理论意义。

第二节 研究目标与研究内容

一 研究目标

本书以被征地农户作为研究对象，利用农户调查数据，描述征地前后农户生计活动的变化，指出被征地农户存在的生计问题，并比较了被征地农户生计能力的变化。在构建生计能力指标的基础上，分析被征地农户选择各种生计策略的影响因素及其实施效果。系统揭示被征地农户的生计策略，将为政府制定保护被征地农民福利、促进被征地农民可持续生计发展的征地政策，提供微观层面的理论依据和经验支持。本书具体的研究目标可以细分如下：

（1）理解被征地农户的生计能力变化，构建评价被征地农户生计能力变化的指标体系。

（2）分析被征地农户的生计策略，揭示被征地农户实施生计多样化策略的影响因素，劳动力流动的影响因素，征地补偿款使用的影响因素。

（3）在生计策略影响因素分析的基础上，基于被征地农户的生计策略，科学评价被征地农户不同生计策略实施的效果。

（4）在对征地补偿安置政策回溯的基础上，结合生计策略的农户微观数据分析，提出富有针对性的政策建议。

二 研究内容

为了完成设定的研究目标，本书综合采用了定性分析与定量分析相结合、理论分析与实证分析相结合、统计检验与数学建模相结合的方法。具体运用的分析方法包括：①采用可持续生计框架并利用因子分析及因子综合得分方法，解决被征地农户生计资本指标选取和权重设置的难题，从水平和结构两维度评价征地前后农户生计资本变化。②利用广义线性模型（GLM）和广义线性混合模型（GLMM），分析生计资本对被征地农户生计多样化的影响。③采用两步聚类法对农户征地补偿款使用类型进行分类，同时采用定性和定量的方法，分析了被征地农户的补偿款用途特征、用途影响因素以及不同用途的影响。关于征地补偿款使用影响因素，采用多元 Logistic 回归模型进行分析。④采用二元 Logistic 回归模型研究被征地农户劳动力就业决策的影响因素，重点分析了被征地女性劳动力就业决策的影响因素。⑤采用深度访谈的方法分析了被征地农民的基本生计问题。此外，书中还大量使用列联表分析、多样本两两比较等多种统计分析技术。

全文共分为前言、正文、结论与政策建议三个部分。前言部分首先提出了本书的选题背景与研究意义，在此基础上确定研究目标和研究问题，其次构建本书研究的概念框架，对关键的概念，如被征地农户、生计策略、征地、生计转型、可行能力等概念进行界定。对本书的数据来源作了说明。再次结合相关理论与研究文献确定本书的研究内容与分析框架，最后对本书可能的创新点和研究局限进行分析。正文部分共包括8章内容。

第一章，理论基础与研究动态。通过文献研究的方法，对本书的理论基础和研究动态作了深入的回顾和梳理。首先，对可持续生计框架农户决策理论和家庭结构理论进行了回顾。其次，从被征地农户福利状况、被征地农户就业和保障问题、征地补偿政策问题、改进征地政策思路四个方面对现有研究进行了文献回顾。最后，做了简要的评述。

第二章，基于农户生计的征地补偿安置政策分析。系统梳理了国家征地补偿安置政策的历史演变，阐述了当前地方政府的补偿安置的政策重点，并揭示了当前政策存在的各种不足之处。

第三章，调查点被征地农户的基本生计问题与生计策略。基于访谈，刻画被征地农户存在的生计问题，同时描述了征地前后农户的生计策略变化特征、生计多样化特征、劳动力流动特征。

第四章，被征地农户的生计能力变化分析。讨论了可持续生计框架与被征地农户生计能力变化的关系，并利用调查数据测量了被征地农户生计资本在征地前后的变化，并进行生计能力变化评价分析。

第五章，被征地农户生计多样化影响因素分析。运用可持续生计框架理论，探讨被征地农户生计活动与生计多样化决策的影响因素。本章内容以定性和定量相结合的方法系统分析了调查地区被征地农户生计多样化的作用和特征，并利用计量经济模型考察和验证了生计资本被征地农户家庭层面生计策略多样化的影响机制。

第六章，被征地劳动力流动策略影响因素分析。分别从家庭结构、性别和婚姻的视角分析了被征地劳动力的流动策略，以定性和定量相结合的方法系统分析了被征地劳动力就业决策的影响因素。

第七章，被征地农户的补偿款使用影响因素分析。以定性和定量相结合的方法系统分析了被征地农户补偿款用途的特征，并利用计量经济模型考察了哪些因素影响被征地农户补偿款用途。

第八章，被征地农户生计策略实施效果分析。从可持续生计分析框架出发，对被征地农户生计活动实施效果和被征地农户征地补偿款使用效果进行分析。

最后是本书的结论与政策建议。

第三节 研究思路与分析框架

一 研究思路

在掌握已有理论并把握研究动态（第一章）的基础上，本书确立了以被征地农民的生计问题作为研究主题。进一步通过我国征地补偿安置政策回溯（第二章），以及对被征地农户的基本生计资本问题和生计策略进行初步定性和定量描述（第三章），最终确定以被征地农民的生计策略作为切入点。

农户生计策略的内涵十分丰富，归纳起来主要包括3种：一是农业生产的集约化或粗放化，二是劳动力流动，三是生计多样化（Scoones，1998；Hussein，1998）。针对被征地农户这一群体，农户的农业生产已经不再是重要的议题，为此本书重点探讨了生计多样化、劳动力流动和补偿款使用这3方面的生计策略（第五、六、七章）。基于可持续生计框架，被征地农户的生计策略是由其生计资本决定的。为了深入探讨研究对象的生计策略问题，必须先采取合适的方法，测量和评价被征地农户的生计能力（第四章）。在生计策略分析的基础上，进一步分析不同生计策略导致的生计结果（第八章）。通过微观农户数据分析和国家征地补偿政策的结合，最终得出研究结论，并提出政策建议。本书的基本分析框架如图0—1所示。

二 分析框架

本书分析框架的核心基础是可持续生计框架，同时由于研究对象是农户，关于农户行为的研究也涉及农户决策理论，另外在劳动力个体进行流动决策时，家庭结构因素也成为不可忽视的影响因素，家庭结构理论也是本书所涉及的主要理论。

农户在土地被征用后的生存状况发生了怎样的变化？从事了哪些生计活动？怎样实现生计转型的？这些转型是否成功？这些问题，需要一个系统性的回答。在这些问题当中，被征地农户的生计策略是一个关键的问题，不同的农户会使用不同的生计策略，而不同的生计策略又会导

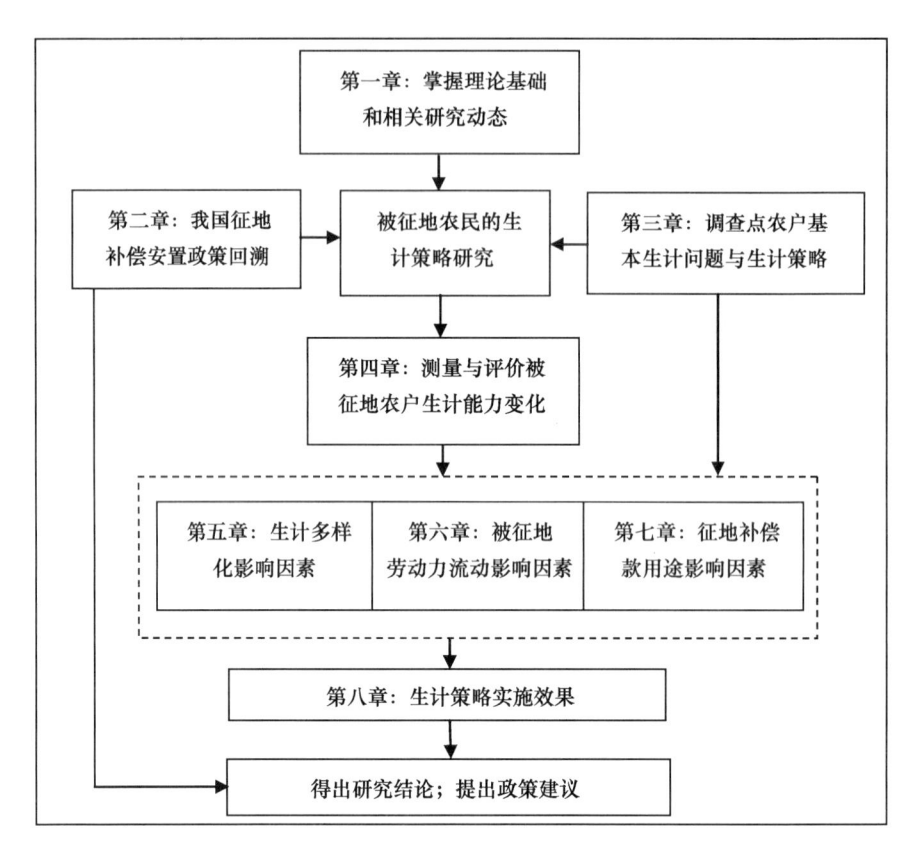

```
┌─────────────────────────────────────────────────────┐
│                  第一章：掌握理论基础                │
│                    和相关研究动态                    │
│                         ↓                           │
│  第二章：我国征地      被征地农民的      第三章：调查点农户基 │
│  补偿安置政策回溯  →   生计策略研究   ←  本生计问题与生计策略 │
│                         ↓                           │
│                  第四章：测量与评价被                │
│                  征地农户生计能力变化                │
│         ┌───────────────┬───────────────┐           │
│         │第五章：生计多样│第六章：被征地 │第七章：征地补偿│
│         │化影响因素     │劳动力流动影响因素│款用途影响因素│
│         └───────────────┴───────────────┘           │
│                  第八章：生计策略实施效              │
│                            果                        │
│                  得出研究结论；提出政策建议          │
└─────────────────────────────────────────────────────┘
```

图 0—1 本书研究思路

致不同的生计结果。因此，本书的分析思路可以沿着可持续生计框架展开。而且本书的主题"生计策略"也来自英国国际发展部（DFID）的可持续生计框架，可持续生计框架由脆弱性背景、生计资本、政策制度、生计策略和生计结果 5 部分构成，这些组成成分以复杂的方式互相作用。

之所以称为可持续生计框架而非可持续生计理论，是因为可持续生计框架只是一个分析农户生计问题的框架思路，这个框架并未细致地包含具体的问题解决方法。本书在对被征地农民生计策略的研究中，需要首先刻画农户的禀赋状况，在可持续生计框架中采用了"生计资本"的概念，但这一框架并没有指明怎样测量农户的"生计资本"，因此需要创造性地设计测量方法，通过生计资本的测量来反映农户生计能力的变化。因此可以认为，本书的第一至四章是在为应用可持续生计框架分析生计策略做准备。

在具体的生计策略研究中，可持续生计框架的应用也需要与具体的理论方法相互配合。在分析生计多样化和补偿款使用策略时，需要深入理解农户行为决策系统；在分析劳动力流动策略时，需要深入理解家庭结构、婚姻性别的问题。因此在后面的理论基础上，将进一步阐述农户决策理论和家庭结构理论。按照可持续生计框架，不同的生计策略将造成差异化的生计结果，为此在本书的最后，也将进一步考察不同生计策略对生计结果造成的影响。

总体上，本书是基于英国国际发展部（DFID）的可持续生计框架，并使用农户决策理论、家庭结构理论等，探讨被征地农户生计多样化策略、劳动力流动策略与补偿款使用策略的影响因素与效应。被征地农户可持续生计分析框架如图0—2所示。

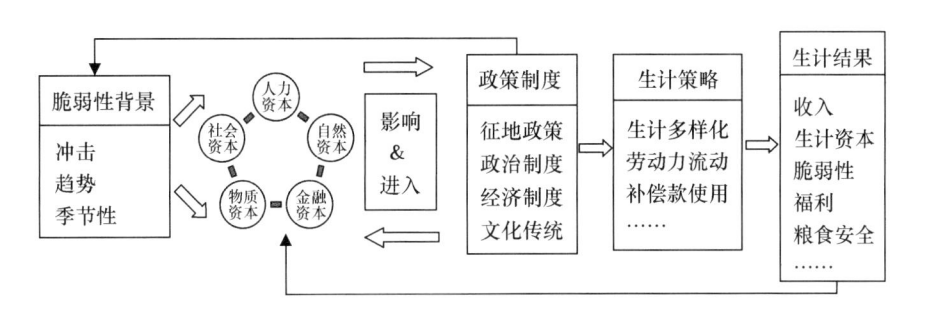

图0—2 被征地农户生计分析框架

第四节 概念界定与数据来源

一 基本概念界定

（一）被征地农民（户）

从语义上讲，失地是指完全失去土地，剩下的土地几乎可以忽略不计的状态，而被征地是指经历过土地征收或征用，不管剩余的土地还有多少。但在不同的文献中，很多学者并没有特意区分这两者的区别，而是根据表达习惯，分别采用了这两种表达方式。因此，文献搜集整理中

被征地农民的生计策略研究

同等关注这两种表述方式的文献。而在本书的表达中，统一采用"被征地农民"或"被征地农户"，但个别地方在引述中也尊重原文的表达而采用"失地农户"。"被征地农民"和"失地农民"是另一种常见的表达，在强调个体的时候本书将采用"被征地农民"和"被征地劳动力"的表达方式，在强调家庭为单位的时候本书将采用"被征地农户"的表达方式。

（二）生计策略

农户的生计活动是农户的生计策略，生计策略是家庭凭借自身资本要素配置不同的资本，选择不同的生计活动，并创造生存所需的收入水平，以便实现他们的生计目标的行动（Chambers、Conway，1992；Ellis，1998；Scoones，1998）。生计策略由生计活动组成，并通过一系列的生计活动来实现。个人或者家庭实施不同生计策略的能力取决于所拥有资产的状况，在不同的资产状况下，生计活动呈现多样性，并且相互结合来实现生计策略。根据可持续生计分析框架，"被征地农户"处在一个脆弱性的环境或背景中，他们具有可以使用的一定资本，在环境的影响下，对自己可获取的资源、拥有的资产进行配置和使用，形成其生计策略，以实现预期的生计结果，满足他们的生计目标；反过来，生计结果又影响生计资本、获得性资源的性质和状况，拥有较多、较好资本的人们往往拥有更多的选择权，生计活动呈现多样性并相互结合呈现出不同的生计策略。生计策略是分析可持续生计途径的核心。生计策略相比生计行为，是指有目的的主动性决策行为。可以发现，"生计行为"包含了生计策略。但在现实调查中，有时很难区分农户或个体的决策是主动性的决策行为，还是被动性的决策行为，因此现有文献较为常用的是"生计行为"。本书的研究对象是"被征地农户"这一特殊群体，农户或个体的决策均是在征地冲击和一系列约束条件下的理性选择，同时生计策略是可持续生计框架中的重要概念，因此本书更多使用生计策略这一概念。在引述中或特定情景下也可能采用"生计行为"这一表达方式。

（三）征地

征地可分为土地征收和土地征用。土地征收意味着土地所有权主体的改变，土地征收后，土地由农民集体所有变为国家所有；而土地征用只是使用权的改变，土地征用后，土地所有权仍然属于农民集体，使用结束后需将土地交还给农民集体。2004年修订的《土地管理法》也对这两个概念作了区分。本书关注的是农村土地征收的问题，因此本书所指的征地也仅为土地征收的简称。农村征地过程中也可能涉及农民住宅的拆迁，但这必须与城市的拆迁区分开来，因为两者所适用的法律截然不同，前者属于土地附着物，适用于《土地管理法》，而后者城市拆迁所涉及的法律是《城市房屋拆迁管理条例》。

（四）征地政策

根据征地的定义，征地政策是指与土地征收相关的一系列制度安排。本书所指的征地政策包括征地方式、征地内容、征地补偿、征地用途等。其中征地补偿安置与农户的关系最为密切，它包括货币、养老、户籍、安置、土地留用等一系列的支持和保障。征地补偿费用是指作为征地主体的地方政府总的征地支出，农户实际上并未能够获得全部征地补偿费用，因此书中将农户最终获得的资金称为补偿款。

（五）可行能力

"可行能力"是福利经济学家的杰出代表阿玛蒂亚·森（Amartya·Sen）在《以自由看待发展》中提出的，一个人的可行能力指的是此人有可能实现的、各种可能的功能性活动的组合。[①] "可行能力"因此是一种自由，是实现各种可能的功能活动组合的实质自由。"可行能力"的概念框架，为分析当前中国的被征地农民问题提供了一个新的视角，一个人的"可行能力"指的是此人有可能实现的、各种可能的功能性活动的组合。"可行能力"是一种实质性自由，在发展中居于核心地位。一旦"可行能力"缺失就会产生一系列不良的后果，其中最严重的便是使当事人处于贫困的境地。

（六）生计转型

本书所指"生计转型"的第一主体是被征地农民（农户）自身，第二主体是政府。政府可以通过相关措施支持被征地农民实施"生计转型"。从这个意义上讲，"生计转型"是指农户改变原有的生计模式，重新获得可持续生计的过程。由于拥有土地资源，农民的生计或多或少都

[①] [印] 阿玛蒂亚·森（Amartya·Sen）：《以自由看待发展》，任赜、于真译，中国人民大学出版社2002年版。

与农业生产有关，而征地后农民的土地资源大大减少（或完全没有），其获取生计的渠道也将主动或被动地发生改变，由此农民必须寻找新的生计路径，获取新的生计出路，这一过程就是"生计转型"。

二 数据来源说明

（1）问卷调查。本书数据主要来自国家自然科学基金项目"'土地换保障'背景下失地农户的生计重建：基于可持续生计框架的分析"（71173239）的农户调查。课题组2013年在南方地区选择几个中等规模城市，选定其中最近3—5年来有土地被征收的农村地区作为研究样本区域，在各个市区内选择2—3个征地较为典型的经济开发区域，再对区域内随机选取村庄的失地农户进行入户问卷调查和深度访谈。本书以江西九江和湖北襄阳的620个有效农户调查样本（九江294个，襄阳326个）进行分析。这两个地区在各自省份均属于较大城市，受访的农户均居住在交通较为方便的平原地带，较能够代表我国中等发展程度地区被征地农户的状况。受访农户平均被征地的次数为1.22次，最大值为7次，最小值为1次，最近一次征地时间的中位数是2010年。征前和征后分别指最近一次征地的前一年和2012年，对于最近一次征地时间为2012年或2013年的农户，则回溯调查前一次征地情况。农户调查采用结构式的问卷设计，主要内容包括：①农户家庭基本人口信息，包括人口数、民族、政治面貌、受教育年限、健康状况、征地前后从事活动、征地前后是否参加技能培训等；②农户生计资本状况，包括人力资本、自然资本、物质资本、社会资本和金融资本状况；③征地前后农户的各项收入情况，包括种植业收入、养殖业收入、工资性收入、财产性收入和转移性收入情况；④征地补偿状况，包括征地时间、征地面积、征地用途、征地补偿款数额、征地补偿款的使用等；⑤征地前后农户的风险认知及应对策略，包括对风险的担心程度、风险的发生状况、对家庭的影响程度、风险应对策略等；⑥农户对征地补偿相关政策的评估，包括征地后对生产、生活、环境、卫生等变化带来的影响，征地补偿方式及其满意程度、征地后就业创业的困难及其培训的评估，征地后养老、入学、就医等相关征地政策的意见等。

（2）其他数据来源。包括农户访谈、机构访谈、二手数据（政府文件，统计年鉴等）。本书所采用的二手数据来自多个权威机构公布的统计数据，包括国家统计局公布的数据。

第五节 本书的特色与不足

一 主要的特色

（一）研究视角的创新

本书从生计策略的视角考察"被征地农户"的问题。生计策略是可持续生计框架中的重要组成部分，使用生计策略这一概念，有助于将本书纳入可持续生计框架。同时，从生计策略的视角研究"被征地农户"问题，有助于抓住征地问题研究的核心。征地政策作为一项公共政策，必须"以人为本"，而生计策略的研究，是征地政策向个人本位回归的需要。

（二）体现了多学科交融的特点

本书综合运用了可持续生计框架、农户决策理论、家庭结构理论、可行能力理论等相关理论的内容，从学科角度看，则是融合了经济学、社会学、人口学等基础学科研究范式。多学科交融有助于提高研究的深度，以及对现实问题的聚焦。

（三）理论与现实高度结合

本书的研究起点基于现实中亟待解决的"被征地农户"问题，在研究的过程中又采用了多种理论进行深入分析，而研究的落脚点是征地政策的改进。对于政策问题的讨论，不是停留在政策层面进行思辨性的阐述，而是扎根于第一手资料，采用翔实的数据对现实问题进行有理有据的探讨。

（四）微观数据与宏观政策的相互融合

本书的研究大量使用了一手农户调查数据，通过对数据的挖掘，发现被征地农民生计策略的规律，也解释了被征地农民生计转型存在的困难。在系统梳理我国征地补偿安置政策的基础上，通过宏观与微观的结合，提出更切合实际、更有针对性的政策建议。

二 存在的不足

（一）调研数据的不足

本书采用的数据是基于江西九江和湖北襄阳两地的620个农户调查数据，该数据并非全国层面的抽样调查，因此本书研究结论某种程度可以代表中部地区的"被征地农户"，但其研究结论不足以外推到全国层面，毕竟中国幅员辽阔，东、中、西部差异性太大。

（二）家庭非经济层面因素考察的不足

本书在劳动力流动策略影响因素的研究中，引进了家庭结构等非经济层面的因素。对于家庭非经济因素对家庭生计策略的影响可能是全方位的，但目前相关研究比较缺乏，本书也仅作了初步探讨。对于生命周期、代际结构、家庭结构等非经济因素对被征地农户生计策略的影响问题，还有待在未来的研究中进一步深入思考。

第一章

理论基础与研究动态

第一节 相关理论基础

一 可持续生计框架

可持续生计框架（Sustainable Livelihoods Framework，SLF）是关于可持续生计的一系列组件和结构。Chambers、Conway（1992）认为，"生计是谋生的方式，该谋生方式建立在能力、资产（包括储备物、资源、要求权和享有权）和活动的基础之上。如果人们能应对压力和冲击，并从中恢复、维持乃至加强其能力与资产，为下一代生存提供机会，并且在长期和短期内为他人的生计带来净收益，同时不损坏自然资源基础，那么，该生计具有可持续性"。Scoones（1998）认为，生计由生活所需要的能力、资产（包括物资资源和社会资源）以及行动组成。Ellis（2000）认为，"资产（自然的、物质的、人力的、金融的和社会的资产）、行动和获得这些的权利受到制度和社会关系的调节，这一切决定了个人和农户获得收入的活动"。英国国际发展署（The United Kingdom department for international development，DFID）的可持续生计方法起源较早，最具影响力，目前仍然是一个被广泛使用的可持续生计方法分析框架。Scoones 在 1998 年提出了农村可持续生计分析框架。英国国际发展署（DFID）把 Scoones 的生计资本类型发展为 5 种生计资本，分别是自然资本、物质资本、金融资本、人力资本和社会资本，并形成一种新的可持续生计分析框架，该框架得到众多学者及组织的采纳，并实践于许多发展中国家。

该框架认为可持续生计方法由4个主要部分组成。第一，人们被认为生活在一个脆弱性环境中，他们面临着意外冲击（如自然灾害、经济冲击和战争）、外部趋势（如资源趋势和人口趋势）和季节性变化（如产品价格的季节性和雇用机会的季节性）。第二，人们拥有开展生计活动的一些资本性资产，这些资产包括社会资本（社会网络和信任关系）、自然资本（自然资源储备）、金融资本（收入储蓄和贷款）、物质资本（通信工具、交通、住所和能源）和人力资本（知识、技能和劳动力）。这5种资本性资产形成一个五边形，被用来评价人们总体上的资产水平。第三，人们动用这些资产以实施生计策略，这些生计策略意在形成一种新的生计门路或产生积极的生计结果。第四，政策和制度可以用来影响人们生活的脆弱性环境、利用资产的渠道以及生计活动，政策和制度对生计活动的作用，可以发生在微观、中观和宏观层面。

农户在不可控的脆弱性环境中，在生计资本与政策制度相互影响下，家庭生计资本的性质和状况是核心，它决定了采用生计策略的类型；进而，家庭生计策略与生计资本、政策制度，决定了生计结果；可持续生计是一个循环往复的过程，某一阶段的生计结果又成为下一阶段的生计资本。可持续生计框架是一个内涵十分丰富、应用十分广泛的理论框架，它所考虑的因素非常全面，关于DFID可持续生计框架的详细阐述，可参考该组织发布的《可持续生计指导单》（*Sustainable Livelihoods Guidance Sheets*）[①]。

在国内，应用可持续生计方法进行的研究也逐渐增多。在这些国内研究文献中，少数文献关注了可持续生计方法的理论方法，Roberts、杨国安（2003）将脆弱性分析方法与可持续生计方法进行了比较，苏芳、徐中民和尚海洋（2009）梳理了可持续生计分析框架的发展轨迹和重要成果，阐述了可持续生计分析框架中的脆弱性背景、生计资本、生计策略和生计输出、结构和过程的转变等组分以及它们之间的相互关系。但大部分国内文献则是直接应用这一方法进行实证分析。杨云彦、赵锋（2009）借助这一研究框架，利用南水北调（中线）工程的实地调查数据，对库区农户生计资本现状进行了实证分析。黎洁、李亚莉等（2009）

---

① 具体可参阅（http://www.ennonline.net/dfidsustainableliving）。

根据英国国际发展署（DFID）的可持续生计分析框架，利用陕西省周至县退耕山区的1074个样本农户的实地调查数据，分析了中国西部贫困退耕山区的生计状况。李树茁、梁义成等（2010）在可持续生计分析框架下引入农户的家庭结构，并基于此框架使用农户模型具体分析了陕西周至县的退耕还林政策对农户生计的影响。总体上来看，国内对可持续生计方法还缺乏系统的理解，这导致了可持续生计方法在国内的应用、推广和理论深化比较有限。

二　农户决策理论

关于农户行为决策的研究主要包括：①以20世纪20年代苏联经济学家恰亚诺夫（Alexander Chayanov）为代表的组织生产学派。恰亚诺夫将家庭农场看作农户经济活动的基本单位，农户决策的最优点是，对某项活动的劳动时间投入的边际负效用等于所获得商品的边际效用。总体上该学派认为，农户家庭经营在两个主要方面不同于资本主义企业，一是农户经济发展依靠的是自身的劳动力，而不是雇用劳动力；二是它的产品主要是为满足家庭自给需求而不是追求市场利润最大化。所以在追求最大化上农户选择了满足自家消费需求和劳动辛苦程度之间的平衡，而不是利润和成本之间的平衡。②以西奥多·威廉·舒尔茨（Theodore W. Schultz）为代表的理性小农学派。西奥多·威廉·舒尔茨（1964）在《改造传统农业》中指出小农就像任何资本主义企业家一样是"经济人"，在以生产要素为基础的传统农业中，他们能够对现有生产要素进行良好的组合，能对市场信息做出灵敏反应，小农经济是"贫穷而有效率"的，他们的行为选择是在权衡各种利弊之后为追求利益最大化作出的。因为他们面临着的是完全竞争市场，理性小农的生产和消费是完全分开的，这也是西奥多·威廉·舒尔茨理性小农理论的核心。但由于完全竞争市场的假设，利润最大化理论受到大量批评。③以黄宗智为代表的历史学派。他在综合分析了理性小农学派和劳役规避学派研究成果的基础上，认为农户家庭在边际报酬十分低的情况下仍会继续投入劳动力，可能是因为农户家庭没有边际报酬概念或农户家庭受农地规模制约，家庭劳动力剩余过多且缺乏很好的就业机会，劳动力的机会成本几乎为零的缘故。农户经济行为是以要素投入产出的最佳配置为依据的，而并非是农户投资行为的盲目性。④风险规避理论。该理论主要是考虑到了风险和不确定因素，认为农户是追求期望目标最优化的经济单位。农户的经济行为决策遵循生存法则，他们的很多貌似不合理的行为实际上是出于避免灾难的考虑，是理性的。

农户决策理论并非静止不变，而是在不断研究中向前推进。众多理论中具有差异性，也具有统一性。其差异主要来自对要素市场的假设不同。实际上，不管是追求利润最大化，还是规避风险、规避劳役，农户均是在一系列的约束条件下，追求预期效用贴现的最大化（Taylor, Adelman, 2003）。越来越多的学者认为，不同的理论均蕴含着"追求效用最优化"。特别值得一提的是加里·斯坦利·贝克尔（Gary·Stanley·Becker, 1957）的贡献，由他的家庭生产模型发展而来的农户模型已成为一个经典模型。我国对于农户行为是否理性的认识还缺乏一致性。农户作为微观经济主体，在分析农民（尤其是小农）的行为时，传统的观点总是把农民看作理性选择的"另类"，潘峰（2006）认为农民经济行为动机与谋利的企业家的行为动机有很大差异，农民有自己独特的行为逻辑和规则，对最优化目标的追求和对利弊的权衡，不是在利润与成本之间计算，而是在消费满足程度和艰辛程度之间估量，农民规避风险的主导动机和与自然的"互惠关系"，体现的是农民对抗外来生计压力的一种"生存理性"，所以，农民的行为很难说是一种理性选择。

三 家庭结构理论

家庭结构特征主要可以从三个方面进行刻画：一是家庭人口的组成。家庭规模和人口组成直接影响到家庭结构的特征，一般而言，家庭人口越多，家庭结构越复杂，出现家庭矛盾的可能性越大，家庭管理越难。二是维持家庭运转和家庭稳定的机制。家庭成员在家庭中地位和角色的规定，以及与之相联系的责任、权利和义务的关系就形成了家庭规则。通常稳定的家庭规则的形成是一个不断冲突、斗争、妥协、调整的家庭动荡的过程。三是家庭成员在日常交往中所形成的稳定关系模式。一般而言，家庭结构包括横向和纵向的家庭关系两种组合，可以形成许多不同的家庭结构类型。

(一) 中国情境下的家庭概念

家庭是人类社会最普遍的基础性社会组织，也是每个人不可或缺的重要日常生活场域。关于家庭的概念，似乎人人皆知、无须界定，但对于本书的研究，严格而清晰的家庭概念界定是非常必要的。界定家庭边界是讨论家庭代际关系和亲属关系的前提。在中国语境中，家庭成员的边界往往是模糊的，家庭成员的范围可以随着不同情境缩小或者扩大。中国语境中对家庭范围边界的模糊化，可以认为是中西方文化在中国场域中交融的产物。早在20世纪30年代我国著名学者费孝通（Fei，1939）就已经指出，中西方对家庭成员的界定存在明显差异，从当时历史阶段看，西方的家庭表示的是由夫妇和未婚子女所构成的集团，而中国的家庭还可以包括已婚成年子女、其他亲属，甚至包括佣人。在西方家庭中夫妻是主轴，子女是配角；而在中国的乡土社会中，家庭的主轴在父子之间、婆媳之间，夫妻是配轴，为此费孝通主张将中国的家庭称为"扩大了的家庭"（expanded family）。尽管这种认识在当时具有重要价值，但语言表达有追求精简的偏好，"家庭"而非"扩大了的家庭"成为表达的习惯。当代中国的诸多事物是近代西方文化和中国传统文化碰撞交融的结果，关于家庭的观念也不例外。距离费孝通对中西方家庭差异比较80多年后的今天，关于家庭的概念又产生了新的变化。当今中国语境中的家庭成员范围，既可以指与西方一样的核心家庭，也可以指"扩大了的家庭"。不一样的家庭成员范围，衍生出不同的家庭结构、家庭功能和家庭关系。

虽然家庭这一概念在使用中具有伸缩性，但是目前国内较大规模的住户调查或家庭调查，对家庭成员的范围界定基本一致。第六次全国人口普查和2015年全国1%人口抽样调查采用家庭户的概念以区别于集体户，"以家庭成员关系为主、居住一处共同生活的人口作为一个家庭户；单身居住独自生活的，也作为一个家庭户"。国家统计局住户调查采用家庭常住人口的概念界定住户成员，家庭常住人口包括"全年经常在家或在家居住6个月以上，而且经济和生活与本户连成一体"，"外出从业人员在外居住时间虽然在6个月以上，但收入主要带回家中，经济与本户连为一体"，"在家居住，生活和本户连成一体的国家职工、退休人员"等人口。中国家庭追踪调查（CFPS）、中国健康与养老追踪调查

(CHARLS)、中国家庭金融调查（CHFS）也都遵循以家庭成员为主体的住户规则。不管称为家庭调查或是住户调查，以上这些社会调查对家庭成员的界定没有本质区别。作为家庭成员，基本上都包含具有亲属关系、居住在一个住宅内、共享生活开支或收入的特点。住户的主体成员是具有亲属关系的家庭成员，但某些具有非亲属关系的人员也可能属于同一户，如国家统计局住户调查问卷表中关于住户成员关系的选项中列举了户主、配偶、子女、父母、岳父母或公婆、祖父母、媳婿、孙子女、兄弟姐妹、其他10个选项，第10个选项既可包括其他亲属也可包括其他非亲属关系成员。

（二）家庭结构的类型

根据家庭代际结构和亲属关系，可揭示不同家庭的特征。对家庭特征的讨论，很多学者集中在家庭结构的分析上。家庭结构是指具有血缘、姻缘及收养关系的成员共居和生活在一起所形成的各种家庭类型（王跃生，2008）。西方的家庭结构比中国单纯些，主要形式是以夫妇和未成年的子女构成的核心家庭，即我国所谓的小家庭（费孝通，1983）。由于西方国家的家庭一般指核心家庭，在对家庭结构进行分析时，往往是以传统核心家庭为参照，派生出单亲家庭（single-parent families）、混合家庭（blended families）等类型（McLanahan，1985），或根据户内成年男性与其子女的血缘关系，将家庭结构分为血亲家庭、非血亲家庭、单人家庭（Moffitt et. al，2015）。由于中西方家庭概念的差异，中国学界倾向于将中国的家庭看作"扩大了的家庭"，从而将家庭结构分为核心家庭、直系家庭、复合家庭等类型。在已有的定量研究中，中国家庭结构变量的构建，基本是基于核心家庭、直系家庭、复合家庭等类型设立分类变量。传统中国文化倡导"父为子纲""夫为妻纲""孝悌为仁之本"等家庭伦理，家庭结构上追求大家庭、多代同堂，中国的家庭形态既深受传统观念的浸染，也受到"欧风美雨"的吹沐，使得当代中国的家庭成员结构具有多样性、复杂性。为了深入分析相关问题，系统理解中国家庭结构，对核心家庭、直系家庭、复合家庭等基本家庭结构类型作进一步细分是非常必要的。中国家庭结构细分虽然必要，但却由于中国家庭的复杂性，使家庭结构细分难以获得一致的认同。（王跃生，2013；2006）在这方面作了比较深入的尝试，在以上几种家庭结构类型基础上，不仅对每种类型的子类型进行了理论探讨,而且采用人口调查数据提出了实际划分方法。

(三)基于家庭结构的家庭类型划分

国内大型社会调查基本一致的家庭成员范围界定使家庭结构的划分成为可能。鉴于中国家庭相比西方家庭的复杂性和多样性,家庭结构细分至少得考虑家庭成员的亲属关系、代际结构、婚姻状况、性别、年龄等各方面特征,进而综合判定家庭所属类型。家庭结构类型细分应严格遵循一致性、完备性和互斥性的分类原则,这个标准中的家庭类型未必在特定的研究数据中都存在,但这一标准应能普遍适用于目前国内住户调查或家庭调查数据的家庭类型划分。

在借鉴王跃生(2013,2006)分类的基础上,本书提出了更具一般性的家庭结构分类标准,以便对具有不同属性的家庭类型加以区分。本书对家庭结构的细分具体分为两个步骤:首先进行一级分类,根据亲属关系和代际结构可将家庭结构分为核心家庭、直系家庭、复合家庭、单人家庭、残缺家庭和其他家庭6个类型;其次进行二级分类,这一步骤需要考虑家庭成员的婚姻状况、性别、年龄等特征。家庭结构的一级和二级分类及其含义如表1—1所示。鉴于目前对家庭生命周期刻画的困难,家庭结构的二级分类对家庭生命周期分析也具有一定的借鉴意义。

表1—1 家庭结构的一级和二级分类

一级类别	二级类别	含 义
核心家庭	夫妻核心	只有夫妻二人
	标准核心	只有夫妻二人与未婚子女
	缺损核心	只有夫妻一方与未婚子女
	隔代核心	夫妻或夫妻一方与未婚的孙代及以上的后代
	扩大核心	以上4种家庭加上夫妻的未婚兄弟姐妹
直系家庭	二代标准直系	一对夫妻与一对儿子/儿媳或女儿/女婿
	二代缺损直系	一对夫妻与一对儿子/儿媳或女儿/女婿(夫妻一方缺损)
	三代及以上直系	已婚的连续三代或以上直系血亲(允许夫妻一方缺损)
	隔代直系	夫妻与一对孙代及以上夫妻(允许夫妻一方缺损)

续表

一级类别	二级类别	含　　义
复合家庭	二代复合	夫妻与两对及以上子代夫妻或孙代夫妻组成的家庭（允许夫妻一方缺损）
	三代及以上复合	夫妻与三对及以上子代夫妻和孙代夫妻组成的家庭（允许夫妻一方缺损）
单人家庭		一人独居的家庭
残缺家庭		没有与配偶、直系血亲而与兄弟姐妹组成的家庭
其他		不属于以上类型的其他家庭

第二节　相关研究动态

本节将通过广泛的文献搜集进行文献梳理。所包含的文献必须同时满足以下条件：①与征地或失地问题有关；②以农户生计为研究主题，有些文献虽然不使用生计这一概念，但只要其研究包含有生计含义的，也算作生计主题的研究；③论著在重要刊物发表、作者在该领域具有较高知名度或该研究具有广泛影响。希望通过相关研究动态的把握，对被征地或失地农户的相关生计问题的已有研究进行系统的梳理和评价。通过文献的阅读和分析，发现已有的研究主要从如下几个方面展开。

一　被征地农户福利状况的研究

在中国，土地所提供的保障可概括为就业保障和生存保障两个方面，到目前为止，土地为农民提供基本生活保障的物质条件这一作用是没有其他东西能够替代的（马小勇，2004；李郁芳，2001）。生计状况与贫困和福利等概念密切相关，已有研究关注失地是否会使农民陷入贫困、是否会降低农民福利等问题。Kironde（2002）认为政府通过给予失地农民以极低或零补偿而征用土地，势必会导致许多失地农民无地耕种和生活贫困。土地被征用后，农民存在"生存风险"，主要包括失去土地、失业、失去家园、边缘化、不断增长的发病率和死亡率、食物没有保障、失去享有公共的权益、社会组织结构解体（迈克尔·M. 赛尼，1998）。

在非洲国家，土地征用价格只是土地市场价格的 10%—20%，这意味着大量的资源和财富从穷人转移到富人身上（Berry，2001）。对于中国农户来说，卢海元（2004）认为在土地被征用之初，对大部分人的生活水平暂时影响不大，甚至在一次性征地补偿款的支撑下，生活水平还有所提高，但随着时间的推移，生活水平将会因村集体的经济发展状况、个人的健康状况和就业发展能力等具体情况而出现很大的差异，特别是文化程度较低、社会转型能力较差、消费没有计划的被征地农民，其生活会逐步陷入贫困。吴瑞君（2004）通过对上海市离土农民的安置和保障问题的研究也指出，对于补偿款用完、自谋职业失败的农户，其生存和生活面临困境，会成为对社会造成不稳定的因素。

不少学者也对被征地农民福利状况进行定量研究，这些研究普遍认为土地是农民的基本生计资源，失去土地将使农民面临失地又失业的困境。高进云等（2007）利用阿玛蒂亚·森的可行能力框架对失地农民的福利水平进行的分析表明，除居住条件有所改善外，农民的经济状况、社会保障、社区生活、环境、心理状况都有不同程度的恶化。邓大松、王曾（2012）对广东省佛山市调查结果表明，存在失地农民相对收入减少、对征地补偿满意程度低、职业发展困难、社会保障明显不足等问题。高进云等（2010）基于湖北省的研究结果表明除农民的居住条件得到改善外，农民家庭经济状况、社会保障状况、环境条件、社区生活、心理状况等都比征地前恶化。也有学者采用福利经济学理论研究了征地前后农民的福利问题。周义、李梦玄（2014）通过构建福利指数的研究表明，失地冲击对农户福利的影响具有多重性，福利分布的不均衡对农户福利测度影响显著；失地变迁后，农户整体的综合福利水平下降。

但也有研究表明被征地农民并不必然陷入贫困，失地并不必然导致福利下降，如 Heet 等（2009）基于两个村的案例调查表明，失地农民的贫困动态与土地征用制度和界定模糊的集体土地产权密切相关；史清华等（2011）基于上海 7 村 2281 户农民的调查显示，征地对当地农民收入的负面影响并不显著，大部分被征地农户收入不降反升；楼培敏（2005）基于上海、浙江和四川三地的研究表明，被征地农民的生活质量有所提高，收入呈逐年上升的趋势，与样本地城镇居民的收入差距也逐年缩小。陈浩、陈雪春（2013）基于长三角的研究发现，征地后失地农民的短期非农收入和养老保障水平得到了一定改善，其中对中、低层农民的改善效应尤为明显，但在就业模式和非农职业层次方面呈现出显著分化态势，未来可能导致失地农民在长期收入及保障水平的差距扩大，进而诱发群体分化的风险。高进云等（2007），高进云、乔荣锋（2011）的研究表明农户福利变化程度各异的主要影响因素包括农民家庭被抚养人口比重、被征土地占原有土地面积的比例、征地后是否安排工作、农民受教育程度、所处地区社会经济发展水平等。

二 被征地农户就业和保障问题的研究

关于被征地农户的就业问题，张晓玲（2006）认为收入下降、就业困难和长远生计缺乏保障是被征地农民面临的最主要的风险。徐琴（2006）从可行能力角度分析认为，失地农民面临着人力资本和社会资本同时贬值的不利处境。张时飞（2004）通过对杭州市的调研，认为失地农民面临就业难，有自身的原因和征地安置政策的原因，自身原因集中表现在年龄偏大、文化程度不高和缺乏非农劳动技能。叶继红（2014）通过对杭嘉湖地区的问卷调查，发现失地农民的总体就业率较高，经济收入尚可，但工作稳定性不足，向上流动空间有限；同时，人力资本、社会资本、政策支持、就业机会、创业氛围是影响当前失地农民职业发展的最主要因素。马驰等（2004）发现失地农户自身非农产业就业技能掌握不足且就业观念转变较慢，加上非农产业吸纳劳动力的能力有限和政府政策制定及落实不到位等原因，导致失地农户就业能力开发不足。陈浩、陈雪春（2013）研究表明人力资本是造成失地农民群体就业分化的核心因素，而征地用途、补偿方式等征地因素对失地农民就业行为演化也构成了一定影响。张媛媛、贺利军（2004）给出了更综合的结论，认为征地使用效率低导致就业贡献率不足，城市基础设施发育不良影响投资增长，工业发展短视导致就业容量受限，以及失地农民就业观念陈腐，劳动素质和技能偏低等具体因素，综合导致失地农民就业形势严峻。

关于被征地农户的社会保障问题也受到关注，社会保障之所以必要，是因为大多数农民在货币消费上存在短期行为，货币补偿对失地农民起不到社会保障的作用，而实物补偿也不能达到保障的要求（朱明芬，2003）。鲍海君（2002）认为在城市化进程中，由于征地权的滥用，以及没有妥善处理失地农民的安置问题等，导致失地农民既丧失了拥有土地所带来的社会保障权利，同时又无法享受与城市居民同等的社会保障权利，失地农民面临着极大的社会风险。陈正光（2008）也指出如果许多失地农民变更为城市户口，失地农民社会保障标准比城市居民最低生活保障标准还低，则会降低失地农民参加社会保障的积极性，也会导致城市户口的失地农民和其他城市户口居民在社会保障权利方面的不平等，造成对失地农民新的歧视。养老问题是在被征地农户所有社会保障问题中最受关注的问题。宋健（2001）认为土地被征用后，中、青年人大多要进入附近城镇寻找新的工作机会或迁移到其他地区打工，形成"空巢家庭"，从而使老年人的生活照料和精神慰藉受到较大影响，他们靠自谋出路维持生活，收入不稳定也使他们无法为养老进行必要的储蓄。乔明睿（2005）认为土地被征用后，直接导致农村人口中的老年人失去了老年生活的依靠，中、青年人失去了就业领域、未成年人失去了未来本该享有的就业和收入的权利，这三个问题直接或间接影响到农民的养老保障。温海红等（2004）通过对西安市失地农民养老保障现状分析，认为存在征地补偿标准低、失地农民投保能力差、家庭赡养能力下降、对现行社会养老保险缺乏信任感等问题。

三　征地补偿政策问题的研究

不少学者通过研究总结了当前征地补偿政策存在的不足。在许多国家，土地利益分配和土地征用补偿的不合理容易导致土地冲突，持久的暴力土地冲突严重破坏了农业经济效率甚至整个国家的经济（Berry，2001）。朱明芬（2003）通过对浙江省的调查，总结了征地补偿的主要问题包括现金补偿过低、补偿分配混乱、就业安置困难、生活无保障、后顾之忧大。苏东海（2008）认为被征地农民经济收入减少，消费支出增加；被征地农民养老保障制度难以落实；被征地农民的医疗保险制度难以衔接；被征地农民的失业保险制度处于真空状态；被征地农民的最低生活保障制度覆盖面狭窄。鲍海君（2002）认为现行的征地安置标准过低且方式单一，导致大量失地农民转化为城市贫民，其结果必然会影响到社会的安定。卢海元（2003）揭示了现行征地补偿安置难的深层原因，认为目前大多采取的是以货币安置为主的"要地不要人"的城镇化模式，使得失地农民的基本生活、就业和社会保障等问题缺乏有效的解决途径，失地农民的长远生计得不到制度保障。

已有研究也从多个角度讨论了征地补偿政策存在的各种问题。一些研究专门讨论了补偿标准的问题。张孝直（2000）认为现行《土地管理法》规定的征地补偿标准不能真实反映被征土地的价值，国家征地补偿标准偏低是造成对农民利益剥夺的重要原因。李春根等（2013）认为，与地方政府通过出让土地使用权所获得的巨大收益相比，对被征地农民的安置、补偿通常是标准低、方式单一、制度稳定性差，不能合理保证被征地农民的基本生活水平需要和社会保障需要。一些研究讨论了补偿方式存在的问题。宋健（2001）认为失地农民家庭主要依靠征地补偿款维持生计和养老，一旦征地补偿款用完，他们的养老问题就会受到很大的挑战。张时飞（2004）指出，目前的征地安置政策主要是货币安置政策，引发的突出问题：在大龄失地农民再就业极为困难的背景下，安置补助费用远远不能取代以往土地所具有的"最后的保障"的社会功能，在市场经济条件下，有限的资金难以为失地农民再造一个可持续生计。一些文献特别分析了征地中养老保障制度建设的不足。邓大松（2005）认为从短期看，失地又失业的农民可通过一次性安置费维持生计，生活水平不致明显降低；但随着安置费用逐渐耗尽，失地农民社会保障问题势必凸显。因此决定了这一制度不是一个能够担负起农村跨世纪社会养老重任的制度，需要更有效的制度来取而代之。王敏、杨宇霞（2006）指出，当前被征地农民的社会养老保障制度建设还处于分散的自发发展阶段，缺乏规范性和稳定性，养老保障的可持续性差，养老保障发展不平衡。李杰（2007）认为，现行被征地农民养老保障制度存在缺乏权威有效的法律法规依据、阻碍被征地农民的正常流动、制度缺乏前瞻性、社会养老保险政策缺乏强制性、基金增值渠道不畅、运营风险较大等问题。温乐平（2010）认为各地的养老保险制度不统一、个人与政府缴费比重不合理、参保制度有过多的强制条件、将超龄及贫困的失地农民排除在养老保险之外是养老保险存在的主要问题。

已有对征地补偿政策的研究，集中在征地补偿费水平（王雪青等，2014；王仕菊等，2008；刘卫东、彭俊，2006），相关利益主体征地补偿费分配（刘灵辉，2014；李菁、颜丹丽，2011；王修达，2008），以及被征地农户社会保障问题的探讨（郑雄飞，2014；杨文健等，2013；陈会广等，2009；杨一帆，2008；刘家强等，2007），但也有部分学者对补偿方式进行了深入的讨论，补偿方式主要关注补偿的货币化和非货币化。关于征地中货币化与非货币化补偿的定量研究，刘祥琪等（2012）研究表明农户对征地补偿款全部发放到农民手中的方式满意度更高，而王立勇、高伟（2014）的研究则表明单一的货币补偿模式并不能满足被征地农户的需求。王伟、马超（2013）通过比较表明，"土地换社保"模式在收入水平上不如"土地换货币"，但在福利水平上却优于"土地换货币"。已有研究指出货币补偿存在的问题，认为一次性货币补偿对被征地农户长远利益未能考虑（李春根等，2013），资金用于养老用途的比例和可能性很小，很难达到保障长期生活的目的（郑雄飞，2010；宋明岷，2007），从而使被征地农户生活水平下降，带来严重的社会问题（于淼、伍建平，2006）。另外，关于被征地农户货币补偿的负面报道也时常有所耳闻，如一些被征地农户在拿到征地补偿款后"快速透支这笔未来生活的保障"[1]，"只顾眼前消费，不管长远发展，以致于'坐吃山空'"[2]。总之，货币补偿为主的征地补偿模式被贬为"要地不要人"、"一脚踢"（卢海元，2003）。

四 改进征地政策的前瞻性研究

一些学者提出了综合性的征地政策改进建议，Butler（2002）强调政府必须明确自己的职责，严格约束自身行为，通过合法、透明和有效的手段对土地利用进行管制，且不能侵犯土地市场的独立性和公民个人的土地产权。梅士建（2007）认为，应坚持"以人为本"原则，构建补偿、就业、社会保障"三位一体"的失地农民利益保障体系，以土地的市场价值为依据，提高补偿标准，切实保障农民的合法权益，坚持"就业优先"原则，帮助失地农民实现再就业，以"土地换保障"为原则，构建政府主导型的失地农民社会保障体系。凌文豪（2010）建议采取完善农村土地交易制度并提高土地征用补偿标准，建立合理的失地农民社会保

---

[1] 新华网：（http://news.xinhuanet.com/fortune/2013-01/24/c_124273717.htm）。
[2] 中国政协新闻网：（http://cppcc.people.com.cn/GB/34962/35021/17799877.html）。

障制度的框架体系，重视和加强对失地农民的教育和职业培训。张媛媛、贺利军（2004）建议，整改集体经济，改善失地农民的就业环境；建立和完善农民"失地失业"和"安置就业"并举机制；大力发展街道服务业，开创就业机会；健全转型农民保障体制，解决失地农民后顾之忧；大力发展城郊劳动密集型企业，吸收失地农民就业5个方面探讨了化解失地农民就业矛盾的对策。征地制度的改革要重点做好提高征地补偿标准、优化安置方式、规范征地程序等，配套制度改革的关键是使失地农民获得与城市居民同样的待遇，政府应在教育、就业、收入分配、社会保障等方面为失地农民提供及时有效的帮助。冀县卿、钱忠好（2011）引入可持续生计的安置理念，完善土地征用制度，保障失地农民的合法权益，改进征地补偿办法，建立为失地农民再就业服务机制（刘猛等，2009）。失地农民其获得"可持续生计"的途径应包括3个不同层次，即资产积累能力、生产性就业能力以及社会保障支撑能力（赵曼、张广科，2009）。

一些学者从社会保障制度上提出了政策改进（杨翠迎，2004）认为在征地实践中，一次性货币补偿和实物补偿这两种补偿办法均存在严重的缺陷，难以满足农民对生活资料的需求，而社会养老保障制度能够弥补二者的缺陷，是解决被征地农民的老年生活、维护被征地农民的合法权益等问题的有效举措之一。王伟、马超（2013）认为土地换社保模式短期内在保障家庭经济状况方面不如土地换货币模式，但前者通过给予农民更为健全的社会保障制度从而使农民获得相对较高的福利水平，更有利于失地农民长远生计保障。王国军（2005）认为建立失地农民养老保障制度，一是可以弥补当前征地补偿标准偏低、被征地农民生活保障不足的情况，二是可以协助被征地农民做好未来生活的长远规划，三是可以解决农民失地又失业、生存与发展困难的问题。卢海元（2007）认为目前条件已经基本成熟，应当以失地农民为突破口，建立城乡统一的养老保障制度。金丽馥（2007）也认为建立被征地农民社会养老保险制度，是替代土地保障功能的合理选择，是实现社会稳定的根本要求，有利于统筹城乡社会发展。梁鸿（2006）比较分析被征地农民各种养老保障模式的优势与劣势，认为现阶段应以社会养老保险作为征地农民养老保障制度的基础模式，以其他模式作为养老保险金的筹措渠道。从社会公平的角度对这些模式进行对比分析，应该把失地农民纳入"城保"体系中，或者采取与"城保"标准接近并衔接的方式。同时，在覆盖对象、筹资来源、基金管理等方面应尽快统一标准，政府应承担相应的责任，建立全国统一的失地农民养老保障体系，改变地区之间制度建设不平衡的现状，切实保障失地农民的权益，最终有利于社会公平目标的实现。陈信勇、蓝邓俊（2004）建议在劳动和社会保障部门或财政部门设立一个专门从事失地农民社会养老保险基金存储和管理的机构，实行收支两条线和财政专户管理，单独建账、专款专用。一些学者也提出了建立生活保障制度的政策建议，杨翠迎、黄祖辉（2004）认为建立失地农民基本生活保障制度，是解决失地农民问题的有效举措之一，具有极其深远的意义。

一些学者从补偿方式上提出了政策改进。王立勇、高伟（2014）认为不同征地补偿安置模式各有利弊，单一的货币补偿模式并不能满足失地农民的需求，应加强征地的非货币补偿。林依标（2014）提出创设"留拨"供地利用方式，其增值收益共享，赋予被征地农民选择权，并规范收入分配，实现被征地农民长期受益目标。

一些学者从补偿标准上提出了政策改进。让失地农民社会保险制度更具有替代性、绩效性、相容性和持续性，需要制度完善，建立制度解决失地农民社会保障缺失问题，完善制度则应该着重解决保障水平低、保障资金少的问题，增强制度的绩效性和持续性（刘家强，2007）。王雪青等（2014）认为现阶段公益性征地补偿应采用"适当补偿"原则，补偿费是指国家按照耕地原用途及农民实际价值损失支付给失地农民个人的合理费用，具体由耕地的经济价值和部分社会保障价值构成。常进雄（2004）认为城市化过程中的征地应该是一个互利双赢的行为，对失地农民的补偿应该根据城市的经济发展水平合理确定。陈正光、骆正清（2008）通过对合肥市失地农民社会保障意愿分析，指出政府应该适当提高失地农民的社会保障标准，保障失地农民的生活，为失地农民提供可持续的生计。

一些学者从就业角度提出了政策改进。魏建斌（2005）认为把失地农民纳入城市下岗职工再就业工程，解决其就业问题，是使失地农民过上城市市民正常生活的唯一途径。李国梁（2014）认为开发与提升失地农民的就业能力才是真正实现可持续生计的现实选择。于森（2006）认为最佳的途径是对失地农民进行培训，帮助他们自谋生计，或者重新实现就业，使他们具备维持生计的能力。黄寰（2009）同样认为需要以就业推动失地农民的安置。实现失地农民的可持续生计，应以建构科学合理的制度体系为基础，以实现失地农民的生产性就业为核心，以引导和帮助农民积累资产为补充（孙绪民、周森林，2007）。帮助失地农民增加生计资产积累并形成以人力资本为主导的有效资产组合，提高运用资产组合谋求生计的能力（王文川、马红莉，2006）。树立可持续发展理念，转变失地农民安置观，实行多元化的补偿方式，增强失地农民的职业选择竞争力，才能真正解决失地农民的可持续生计问题，确保社会的和谐与稳定（刘晓霞、汪继福，2008）。

五　研究动态评价

已有关于被征地农户生计问题的研究，均把被征地农民问题的解决作为研究的出发点，也反映了被征地农民问题解决的迫切性。通过文献梳理发现已有研究主要围绕被征地农户福利状况、被征地农户就业和保障问题、征地补偿政策问题、征地政策改进4个方面展开分析。已有研究为本书的进一步深入研究奠定了丰富的文献基础，但已有研究也存在一些不足。

（1）从文献规模来看，以上4个方面研究的文献数量存在明显差别，后两个方面的文献数量更多，而前两个方面的文献数量相对较少。大量的研究指出当前征地政策的不足之处，并提出改进和完善征地补偿的思路，但不少征地政策的研究文献，缺乏实地调研基础，导致相关论点的论据支撑不足。被征地农户福利状况、就业和保障问题的分析是改进征地政策的基础，但已有文献数量偏少。

（2）从文献研究的结论来看，也存在一定的差别，后两者研究的结论同质性较高，而前两者的研究结论并不太一致。对于征地政策问题，已有文献基本上论及征地中的补偿标准、补偿方式、养老保险、就业支持等方面存在的不足，相应的政策也主要从这几个方面分析政策改进建议。但对于被征地农户福利状况变化，不同学者的研究样本存在差异，对福利状况的评价方式也存在差异，从而导致对农民福利状况评价，既有正面影响的结论也有负面影响的结论。

（3）在关于被征地农户就业和保障问题的研究中，已有文献仍存在定量研究不足的问题。虽然这方面的文献已经指出，被征地农户的就业问题和保障问题是重要的问题，也分析了征地对农户就业和保障所带来的生计冲击和生计风险，但对于农户到底造成怎样的冲击和风险，面对征地农户怎样采取应对策略，以及这些应对策略所带来的影响，有关的定量研究却十分不足。对已有被征地农户的就业和保障问题进行调查和定量研究，无疑能够更有针对性地提出科学的政策建议。

（4）已有文献虽然普遍关注被征地农户的出路问题，但应用可持续生计框架进行系统分析的文献十分有限。有的文献虽然提到可持续生计，但也未能真正利用可持续生计的分析框架进行问题分析。

第二章

基于农户生计的征地补偿安置政策回溯

征地政策千头万绪，涉及中央到地方各级的国土、人社、农业、财政等多个政府部门，征地政策也涵盖了征地管理体制、征地程序手续、各方利益博弈、补偿分配和标准等诸多方面的问题。由于我国属于单一制国家，中央政策是国家意志的体现，中央具有要求各级地方政府层层落实其政策的权力。为了理解地方的征地政策，首先需要理解中央发布的征地政策。但我国同时存在分级治理的模式，地方政府在落实中央政策的过程中，也可以在一定弹性区间有所侧重和创新。因此，对征地政策的考察，需要采取国家和地方政府两个层面相结合的方式。具体到九江市和襄阳市，这两个地级市的征地政策除了受到国家层面政策文件的规范外，还受到所在省级部门政策文件的作用。而且很多时候中央征地政策到了省级，省级政府部门往往已经提出了比较具体的措施，市、县的主要任务在于如何将这些措施准确地执行。

征地政策可以说是牵一发而动全身的社会问题，而在整个征地制度中，针对被征地农民的补偿安置政策是问题的重中之重。合理的征地补偿安置政策有助于化解征地过程中引发的利益冲突，有助于被征地农民更好地实现生计转型。但仅仅从征地补偿安置方面考察征地政策，会发现征地补偿安置的政策并非一目了然。本书将通过评估式的征地政策分析，系统理解征地补偿安置的政策演变，揭示了当前征地问题的症结，并为完善征地补偿安置政策提供一些新的思路。

第一节 国家征地补偿安置政策的演变

为了理解当前我国和本书研究区域的征地政策，需要对新中国成立以来全国层面重要的征地法律法规、政策文件进行系统梳理。通过政策梳理将有助于把握国家对被征地农民生计政策的发展脉络。

一 补偿安置的雏形阶段（1949年至1982年）

新中国成立以后，1953年当时的政务院颁布了第一个关于征地的全国性法规——《国家建设征用土地办法》。该办法明确了补偿标准和安置方式，不仅规定了土地补偿费按近三年至五年产量的总值为标准进行补偿，而且规定征地后当地政府必须解决农民继续农业生产的土地或协助其他就业，用地单位也应尽可能吸收被征地农民工作。由于随后发起的合作化运动和人民公社化运动，该办法的补偿安置规定与农村生产关系严重脱节。为适应集体耕作的人民公社体制，该办法于1957年被修订。"三级所有，队为基础"的人民公社体制，征地补偿安置也体现了"大锅饭""平均主义"。尽管1953年颁布的《国家建设征用土地办法》并没有真正实施，但当前的政策框架与该法一脉相承，可以认为是我国当前征地补偿安置政策框架的雏形。

二 政策框架基本形成阶段（1982年至2004年）

随着人民公社解体，农村家庭联产承包责任制的兴起，1982年国务院颁布了《国家建设征用土地条例》。该条例在补偿标准上确立了土地补偿费的年产值倍数法，同时明确了用地单位支付的补偿费还包括青苗补偿费、附着物补偿费、安置补助费，而且土地补偿费和安置补助费的总和不得超过被征土地年产值的20倍。在就业安置上，明确了被征地单位、用地单位等单位的就业安置职责。该条例从补偿标准、补偿方式、补偿分配和就业安置各方面进行了详细的规定，成为当前征地补偿安置政策的基本框架。1986年和1988年颁布的《土地管理法》关于征地补偿安置的规定基本延续了《国家建设征用土地条例》。1998年和2004年的

《土地管理法》将土地补偿费和安置补助费的上限提高到土地年产值的30倍，但删除了原来有关就业安置的条款。从《土地管理法》的历次修改可以看出，国家对征地补偿安置的基本思路是提高货币化程度，增加补偿标准。为落实《土地管理法》的条款，国务院于1999年颁布《土地管理法实施条例》。为规范征地程序，《征用土地公告办法》（国土资源部令第10号）[①] 明确了征收土地公告的程序，实施"两公告一登记"（《征收土地公告》和《征地补偿安置方案公告》，以及征地补偿登记手续）和"征地听证"制度，其中规定《征地补偿安置方案公告》应包括4项补偿费用的标准、数额、支付对象和支付方式等，以及安置途径和措施。

三 政策框架进一步调整阶段（2004年至2006年）

2004年之后，《土地管理法》没有进行新的修订，但关于征地政策的改革并没有就此停滞。面对征地中的冲突，《国务院关于深化改革严格土地管理的决定》（国发〔2004〕28号）、《关于完善征地补偿安置制度的指导意见》（国土资发〔2004〕238号）、《国务院办公厅转发〈关于做好被征地农民就业培训和社会保障工作的指导意见〉的通知》（国办发〔2006〕29号）、《国务院关于加强土地调控有关问题的通知》（国发〔2006〕31号）等一系列文件陆续出台，其核心均是进一步提高补偿标准，加大安置力度。国发〔2004〕28号文件从征地补偿方法、被征地农民安置、征地程序、征地过程监管4个方面存在的问题提出完善政策。首次提出要使被征地农民生活水平不因征地而降低，土地补偿费和安置补助费的总和达到30倍之后，地方政府可用国有土地有偿使用收入进一步予以补贴，并要求县级以上地方人民政府制定保障被征地农民长远生计的具体办法，包括鼓励土地使用权入股、将被征地农户纳入城镇就业体系、留地安置、移民安置等安置方式。总体上国发〔2004〕28号文件体现了对被征地农民生计问题的极大关注。随后国土资发〔2004〕238号

---

① 2004年，《宪法》修正案将第十条第三款"国家为了公共利益的需要，可以依照法律规定对土地实行征用"修改为："国家为了公共利益的需要，可以依照法律规定对土地实行征收或者征用，并给予补偿。"其后，2004年版《土地管理法》也依据《宪法》进行了相应修改。修改后的土地征收与土地征用的区别是：土地征收的对象是土地所有权，而土地征用的对象是土地使用权。相应地，2010年《征用土地公告办法》也修改为《征收土地公告办法》。

要求省级国土部门制定耕地统一年产值最低标准，制定征地区片综合地价等征地补偿标准。制定统一年产值标准和区片综合地价是对产值倍数法的修正，区片综合地价考虑了地类、产值、土地区位、农用地等级、人均耕地数量、土地供求关系、当地经济发展水平以及城镇居民最低生活保障水平等因素，使被征土地的补偿费更接近于市场价格。

使被征地农民生活水平不因征地而降低并不是一个容易完成的任务，而且是一个模糊的目标。近年来随着地方政府财政压力增大，客观上不可能大幅度扩大补偿标准。而农业生产安置、重新择业安置、入股分红安置、异地移民安置等安置手段受制于客观条件，在现实中也遇到了重重困难。来自社会和学界的呼声，针对被征地农民的就业培训和社会保障制度成为新的公共政策。国办发〔2006〕29号文件提出，将城区规划区域内的被征地农民，纳入城镇的失业登记和就业服务体系中，制订针对被征地农民的培训计划，同时将城区规划区域内的被征地农民纳入城镇社会保障体系中（城市低保、城镇职保、城镇医保和失业保险）。城市规划区域外的被征地农民，则纳入农村低保、新农合和新农保范围。国发〔2006〕31号文件重申了被征地农民生活水平不降低、长远生计有保障的原则，并明确规定社会保障费用不落实的情况下政府不得批准征地。

四 政策落实和规范化阶段（2007年至今）

这一阶段注重政策文件的落实。针对农村征地拆迁中的恶性冲突事件，《关于进一步严格征地拆迁管理工作切实维护群众合法权益的紧急通知》（国办发〔2010〕15号）要求补偿费用落实到位，严格执行农村征地程序，强调征地程序、补偿标准的严格执行，要求"先安置后拆迁"，鼓励多元安置，对于社保资金的落实，按照"谁用地、谁承担"的原则，积极拓展社保资金渠道，同时明确不得以新农保代替被征地农民社会保障。政策文件只有通过一定的程序成为法律法规，才具有法律效力，国家在这一阶段也重视政策文件的正式化。2007年颁布的《物权法》阐明土地承包经营权属于用益物权，获得征地补偿是被征地农民的合法权益。2010年颁布的《中华人民共和国社会保险法》主席令第35号要求征地应当足额安排被征地农民的社会保险费。《土地管理法实施条例》于2011年和2014年进行修订，进一步明确了4项征地费用的分配方式，其中土地补偿费归农村集体经济组织所有，也即农村集体经济组织拥有这部分费用的支配权；安置补助费根据安置主体发放，如由村集体安置则发放给村集体，由其他单位安置则发放给该单位，由个人分散安置则发放给个人，此外还规定分配给个人的安置费在获得个人同意后可用于购买保险，这意味着购买社保是个人自愿的选择行为；地上附着物及青苗补偿费直接分配给所有者，这意味着作为地上附着物的住宅拆迁补偿可直接由农民自己支配。

五 征地补偿安置政策的演变特征

通过征地制度中关于农民补偿安置政策的演变，可以总结一些基本特征：一是征地补偿标准经历了产量总值法、年产值倍数法与统一年产值和区片综合地价法三个阶段，征地补偿标准逐步提高；二是补偿费分配坚持兼顾集体和个人，最新的《土地管理法实施条例》作了进一步的明确规定；三是安置手段从多种安置转向货币安置为主，就业安置手段淡化；四是从独立的被征地农民养老保险向社会基本养老保险制度并轨。

第二节 当前地方政府的补偿安置政策重点

中央关于被征地农民的法律法规、政策文件一方面坚持原则，为政策的解决确立方向，另一方面也给予地方政府一定的灵活性，以便各地根据实际情况因地制宜设计和实施政策。根据江西和湖北两地征地政策的设计和实施情况分析，可以发现两地均把落实统一年产值标准和区片综合地价，以及被征地农民基本养老保险作为解决被征地农民问题的重点。

一 统一年产值标准和区片综合地价的实施

在中央对征地问题的高度关注下，地方政府也积极出台各种补偿安置政策。根据国土资发〔2004〕238号文件，江西省分别于2009年、2010年和2015年更新了全省征地统一年产值标准和区片综合地价。2015年《江西省人民政府关于调整全省征地统一年产值标准和区片综合地价的通知》(赣府字〔2015〕81号)的文件显示,江西省只在南昌市实施区片综合地价补偿,其他地区则采用统一年产值标准。区片综合地价普遍高于统一年产值补偿标准,但征地价格差异性很大,最高的为25.05万元/亩,最低的只有3.32万元/亩。统一年产值标准普遍在2000元/亩上下波动,补偿倍数在16—28.5倍,由土地补偿费和安置补助费构成的征地补偿标准普遍在3万元/亩到5万元/亩之间。相比2010年,2015年的统一年产值标准显著提高,补偿标准涨幅明显,区片综合地价也明显提高。如表2—1所示以九江市庐山区为例,显示了该区统一年产值的情况及其变化。

表2—1　江西省公布的九江市庐山区统一年产值情况及其变化

地区	2010年 统一年产值标准(元/亩)	补偿倍数(倍)	征地补偿标准(元/亩)	2015年 统一年产值标准(元/亩)	补偿倍数(倍)	征地补偿标准(元/亩)	涨幅(%)
五里街办、十里街办	1458.0	28.6	41698.8	2433.0	21.0	51093.0	22.5
莲花镇、虞家河乡	1460.0	24.7	36062.0	2532.0	16.5	41778.0	15.9
威家镇	1420.0	23.4	33228.0	2198.0	18.5	40663.0	22.4
牯岭镇				2392.0	16.5	39468.0	
姑塘镇、新港镇	1382.0	20.8	28745.6	2372.0	16.0	37952.0	32.0
赛阳镇、海会镇	1353.0	20.8	28142.4	2175.0	17.0	36975.0	31.4

资料来源:根据赣府字〔2010〕126号文件和赣府字〔2015〕81号文件整理;表中的价格按当年价格计算,未扣除通货膨胀率。

湖北省也分别于2009年和2014年发布了全省征地统一年产值标准和区片综合地价,根据2014年的《省人民政府关于公布湖北省征地统一年产值标准和区片综合地价的通知》(鄂政发〔2014〕12号)文件显示,湖北省分别于武汉、黄石、襄阳和荆州的部分地区实施区片综合地价补偿,其中武汉市的一类地地价达到35万元/亩,末等地价也达到11.5万元/亩,黄石、襄阳和荆州的综合地价相对较低,但最低地价为4.5万元/

亩。湖北采用统一年产值标准的补偿标准与江西相似，也是普遍在 3 万元/亩到 5 万元/亩之间。总体上来看，湖北省和江西省均在一些地区试行区片综合地价的方法，但湖北目前实施区片综合地价的城市多于江西。不管是区片综合地价还是统一年产值，两地的补偿额度均呈现增长趋势。

二 被征地农民基本养老保险的实施

关于被征地农民就业培训和社会保障的国办发〔2006〕29 号文件出台之后，江西省重点从构建养老保险制度方面出台相应文件，但没有正式的文件涉及就业培训问题。江西省于 2008 年开始试点被征地农民养老保险，将征地后人均耕地面积不足 0.3 亩的农民界定为被征地农民，这部分年龄 16 周岁（含）以上的农民属于被征地农民养老保险政策的支持对象。《江西省人民政府办公厅转发省人社厅等部门关于进一步完善被征地农民基本养老保险政策意见的通知》（赣府厅发〔2014〕12 号）明确不再建立单独的养老保险制度，而是根据实施对象意愿，自由选择参加职工基本养老保险或城乡居民基本养老保险。个体缴费补贴金额不因参加不同养老保险制度而改变，但不愿参加社会基本养老保险的农民则不能退回补贴资金。基本标准为参保时全省上年度在岗职工年平均工资的 60%×12%×补贴年限，补贴年限根据农民所属的年龄档次确定，最高为 15 年，九江地区补贴年限统一为 15 年。以 2016 年为例计算，江西省上年度月岗平均工资为 3852 元，九江市当年被征地农民的养老保险实际补贴为 49922 元。2015 年《江西省人民政府关于调整全省征地统一年产值标准和区片综合地价的通知》进一步明确要求征地主体必须落实"先保后征"，征地报批前必须先按照每亩不低于 6000 元的标准将足额资金存入社保部门代保管资金账户。

在国办发〔2006〕29 号文件的指导下，湖北省在 2009 年发布的就业培训和社会保障落实条款中则体现了区别对待、分类处理的原则。区别对待指在劳动年龄段内的被征地农民以就业培训为重点，大龄和老龄人群以社会保障为重点，就业政策主要从就业机制、就业环境、培训途径和培训资金等方面落实措施。分类处理指将被征地农民区分为城市规划区内和规划区外，城区内农民被纳入城镇就业保障体系，如襄阳市针对市区所采取的措施包括免费职业介绍、失业补贴、小额信贷、专项培训经费筹集等就业支持措施。《湖北省人民政府关于被征地农民参加基本养老保险的指导意见》（鄂政发〔2014〕53号）对被征地农民养老保险的参加资格界定与江西省的界定一致。补偿标准按不低于被征地时所在市、州上年度农村居民年人均纯收入的3倍确定，并将养老保险补偿资金预先存入社保基金财政专户。对被征地时60周岁（含60周岁）的农民给予全额补偿，对被征地时60周岁以下（59周岁至16周岁）的农民，年龄每降低1岁，补偿标准按全额补偿的1%递减。以2016年为例计算，按农民人均纯收入3倍计算，襄阳市上年度农民人均纯收入为11422元，其养老保险全额补贴为34266元。总体上来看，湖北省的被征地农民养老缴费补贴水平低于江西省，但湖北省采取一次性养老保险补偿资金全部划入其个人账户的方法，则使补贴资金具有更明确的产权属性。湖北省对促进被征地农民就业采取了一定的措施。江西和湖北两地也都创新性地采用了"先保后征"的方式保证养老保险资金的落实。

第三节 生计转型需求与补偿安置政策供给的不足

一 生计转型需求与地方政府征地目标的冲突

即使没有征地，在国家经济社会转型的背景下，被征地地区农民自身也在进行不同速度的生计转型，农民自发地存在生计转型的需求。不管实际上对土地的依赖性强或弱，农民普遍将土地作为生存的最后保障。因为拥有土地的承包经营权，农民既可以进城务工，也可以回乡种地，进退有据。农民在自发的生计转型过程中，既有成功的转型也有失败的转型，在社会经济转型的大时代背景下，转型失败的农民往往将失败归因于自身不足、家庭负担重，或者是运气太差。征地意味着农民丧失了自己与家庭成员的最后保障，而且也丧失了其子孙后代的生存保障，同时市民化和城市融入是一个逐步适应的过程（这里假定征地区域被纳入城区规划范围，不存在"一脚踢"），农民也需要承担一定的心理成本。在此情况下，农民的生计转型亟须政府的支持。征地一旦触发了农民生计的安全感阈值，极容易降低农民的征地满意度，甚至遭到农民的抵制和激烈抗议。生计转型困难的农民在征地过程中，对未来的生计更加缺乏安全感，征地问题容易产生近因效应，生计转型困难和失败的农民将大部分归因于政府的征地。从本质上看被征地农民需要获得未来的安全感，从政策上看被征地农民生计转型的需求，是希望政府给予恰当支持，使农民成功实现生计转型，以增强对未来生计的安全感。

农民有生计转型的需求，地方政府也有自己的征地目标，农民需求与政府目标两者之间既存在耦合，也存在冲突，总体上冲突大于耦合。在征地过程中，地方政府具有多重政策目标，这些目标至少包括：一是在短期内获得GDP的明显增长，实现地方官员的政绩目标。二是通过征地实现工业快速发展，工业发展也能为GDP的长期增长奠定基础。三是通过土地征收和转让的价格差获得高额的"土地财政"收入。1994年开始的分税制，使地方政府大量负债，"卖地财政"从沿海向内陆迅速扩张（冯晓平、江立华，2011）。四是希望平稳有序地实现征地目标，避免引起激烈的征地冲突。五是希望被征地农民改善生计，提高收入。虽然政府在征地中普遍具有这五个目标，但地方政府对每个目标赋予的权重是有差异的。前3个目标与地方政府官员的晋升直接相关，往往得到更多的重视，第四个目标是实现前3个目标的重要保障，因此也较受重视，唯独第五个目标容易受到忽视。当然也不能否认追求第一、第二个目标有助于更好实现第五个目标，农民能够从当地的经济增长溢出效应中受益，但这毕竟是间接的，能否受益也存在着不确定性。而第三个目标"土地财政"问题长期受人诟病，也与农民生计转型需求存在着严重的冲突。

由此看来，被征地农民的生计转型需求与地方政府的政策目标存在着明显的冲突。中央的政策干预，某种程度上正是为了平衡这两者的冲突，使得被征地农民生计转型需求获得更多支持，同时使得地方政府在区域发展中避免追求"带血的GDP"。中央希望通过政策干预实现和谐征地，地方政府也在自身发展中不断调整其政策目标，采取积极措施落实中央政策。尽管如此，现实中征地冲突不时发生，地方政府政策落实不到位，也反映了地方政府目标与国家政策目标的冲突。

当前以统一年产值和区片综合地价，以及养老保险为实施重点的征地补偿安置政策，对促进农民生计转型，增强农民未来生计的安全感，应该说起到了一定的作用,但是征地矛盾并没有根本性消除。征地过程中的矛盾和冲突,既有地方政府政策落实不力的原因,也有征地补偿安置政策设计存在缺陷的原因。总体上来看,当前征地补偿安置缺乏对被征地农民生计转型的系统政策,征地补偿安置政策仍然存在一些不足。

二 缺乏支持农民生计转型的长远思维

国办发〔2006〕29 号文件将被征地农民人为分为城区规划内和规划外,进行分类处理,对城区规划外的农民造成新的不公平。地方政府在有限的资源约束以及自身的政策目标下,不太可能主动打破这种区别对待的方式。假如给予城区规划外的被征地农民等同于城区规划内农民的待遇,势必会增加征地成本,并在短期内增加政府支出。地方政府大多不愿意承担这样的"阵痛",这表明地方政府对支持农民生计转型缺乏长远的眼光。地方政府在征地中"只求快"的思维也普遍存在,调查中表明,有的干部将快速完成政府征地任务作为值得炫耀的事情,而对存在的"民怨"却充耳不闻。地方政府往往缺乏对农民生计转型需求进行深入调查,也没有提供足够的需求回应。征地中"要地不要人"的同时,也存在"要地不管人",将被征地农民当作累赘而不是宝贵的人力资源的错误观念也表明了地方政府只顾眼前利益,缺乏支持农民生计转型的长远思维。再则,征地中的多次零碎征地,也不利于农民的生计转型。当前很多地方采用多次零散征收土地的方式,农户在更加细碎化和小规模的农地上进行农业经营活动,无助于农业劳动力从农业中解放出来,反而使农业劳动生产率更加低下;"零星式"征地也不利于为失地农民提供长期稳定的社会保障(丁成日,2007),如江西省的政策(赣府厅发〔2014〕12 号)规定,征地后人均不足 0.3 亩的被征地农民才有资格享受养老保险补贴。

三 缺乏独立的养老保险资金安排

"土地换保障"政策,是众多政策研究者着力甚多的焦点之一,被征地农户的养老保险问题在各界的呼吁中进入政策议程,并由政府主导建立起独立的被征地农民养老保险制度。随着《国务院关于完善企业职工基本养老保险制度的决定》(国发〔2005〕38 号)的颁布,被征地农民可以作为灵活就业人员参加城镇职工养老保险。同时随着2009年农村开始试点新型农村社会养老保险，2012年城镇开始试点城镇居民社会养老保险，2014年国务院确立统一《城乡居民基本养老保险制度》（国发〔2014〕8号），被征地农民也相应作为城乡居民养老保险制度的参保对象。在此背景下，各地逐步将被征地农民养老保险制度向社会基本养老保险制度并轨，而不再单独设立被征地农民养老保险制度。目前，被征地农民可在城镇职工养老保险和城乡居民养老保险这两种制度中自由选择参加。但从农民的角度看，被征地农民养老保险政策的吸引力十分有限。农民会认为，"土地换保障"只是将原本应该发给他们的安置补助费扣减下来买社保而已。实际情况也确实如此，地方政府公布的统一年产值补偿标准和区片综合地价的补偿总额，包括土地补偿费和安置补助费两部分，其中安置补助费的一部分按规定被划拨到养老保险预存款账户。而且名义上是农民自愿选择是否参加养老保险，但问题是如果农民不参加养老保险，这一部分用于养老保险的资金也不会返还给农民。理性的农民当然选择两种社会基本养老保险中的一种。参加城镇职工养老保险的缴费较高，除了使用安置补助费以外，一般还需要农民自己再交一部分，如按照江西省的政策，个人还需配套缴纳上年度全省岗平工资的60%的8%，并累计缴满15年。新农保或城乡居民养老保险由于设立了不同的缴费档次，被征地农民可以根据养老保险补偿金额度选择较低的缴费档次而无须另外缴费。总体而言，"土地换保障"在实际运行中，并非给被征地农民单独安排养老保险补偿，而是在现有的补偿安置里面统一划出部分资金用于农民参加社会养老保险的补助。

四 缺乏支持就业的可操作性措施

如果说被征地养老保险政策是一种消极的生计支持，那么就业支持则是一种积极的生计支持，后者的重要性毋庸置疑。1998年以前的征地政策，鼓励各地实施招工就业安置。由于当时征地数量规模较小，政府官员可以直接要求国有企业照顾被征地农民就业，被征地农民的就业问题并不突出。国有企业改革以后，政府已不可能像改革前那样轻易安排被征地农民进入企业就业，加上征地规模扩大之后安置对象数量庞大，招工安置就业手段已变得力不从心，因此1998年之后颁布的《土地管理法》不再提及就业安置。然而，就业问题是征地中不可忽视的社会难题，在此背景下国办发〔2006〕29号文件提出支持被征地农民进行就业培训以替代原来的就业安置。就业培训无疑是重要的，但政府主导的就业培训与实际就业之间存在着巨大的差异。总体而言，目前无论是中央还是地方的政策文件，都只是提出了就业支持的原则性指导意见，而缺乏具体可操作性的就业支持措施。由于缺乏具体可操作性的政策规定，地方官员就业支持的努力也不容易被考核，地方政府在就业支持政策的落实上普遍缺乏动力，更不太可能主动积极地去创造新的措施。

五 缺乏生计转型成本和城市融入成本的核算

国发〔2004〕28号文提出征地统一年产值和区片综合地价的本质是追求公平性目标，避免同一区片农民的相互攀比而对补偿安置产生抵触。虽然从法律意义上，农村土地所有权为集体所有，农民只是拥有土地的承包经营权，但农民普遍存在"所有权幻觉"是不争的事实。在征地补偿安置中，我们不能预设立场，认为抵制征地的农民"贪得无厌"。其实绝大部分农民只是希望政府对失去土地所造成的安全感缺失进行适当的补偿。提高征地补偿标准对缓和征地矛盾起到重要作用，但这种政策效果，正被不断上涨的物价和民众的预期所抵消。目前无论是实施统一年产值还是区片综合地价，都没有考虑到农民的生计转型成本和城市融入成本，从而导致征地中农民安全感损害严重。

六 缺乏平等的农民生计转型协商机制

近年来中央对征地所引发的社会矛盾越来越重视，《征收土地公告办法》（中华人民共和国国土资源部令第10号）规定了村集体和村民有权要求举办征地听证会。国办发〔2010〕15号文件提出禁止和纠正违法违规强制征地拆迁行为，但征地的强制性质并没有改变，只是要求地方在征地程序上保证合法，手段坚持人性化。对于征地补偿安置中的争议，2011年和2014年颁布的《土地管理法实施条例》第二十五条规定可由县级以上人民政府协调以及批准征地的政府裁决（一般是省级人民政府）。总体而言已有政策重视构建征地矛盾的化解机制。但是，已有《土地管理法实施条例》同时规定征地补偿安置争议并不影响征地方案的实施，可见当前征地的强制性本质根本没有改变。征地的强制性与平等协商是不可能并存的，在强制性的条款之下，被征地农民难以实现与政府进行平等协商，因此也就缺乏共同设计生计转型的基础。

第三章

调查点被征地农户的基本生计问题与生计策略

第一节 被征地农户的基本生计问题

本部分通过调查点被征地农户的开放式深度访谈，刻画当前征地中存在的主要问题，以及被征地农户的利益诉求。本部分的定性研究是进一步从事定量化研究的基础。征地对农民的生产、生活所带来的变化是深刻而长远的。被征地农民的生计面临着一种转型，他们必须在这种外来的冲击之下，重新利用家庭内外可利用的资源，发展新的生计。根据本次调查，被征地所带来的农户生计变化及其生计问题主要表现为就业问题、养老保障问题、补偿方式和标准问题、生活方式改变和适应问题。以下描述均来自深度访谈的被征地农民自述，为刻画访谈者的实际情况，在语言意义不变的情况下，为使行文顺畅对文字表达作了一定加工处理。

一 被征地与就业问题

土地是农民安身立命的根本，土地被农民当作最后的生存保障。失去土地意味着被征地农民失去了维持家庭可持续生计的主要来源，其所拥有的土地数量随之减少甚至完全丧失。对于城郊地区的农民来说，由于耕地的经济效益比较高，农民可以在这些耕地上种植经济作物如蔬菜、瓜果等。农民的生计高度依赖于土地的产出。而征地使农民失去了赖以获取生计来源的土地要素，经济收入的减少，消费支出的增加使其面临的经济压力增大，生活陷入困境。迫使农民转向非农就业。

现行安置政策导致被征地农民就业难。调查中，政府对被征地农民基本上不采用招工安置的办法，农民的出路多数是自谋生路。但由于被征地农民长期务农导致个体知识和技能水平有限，职业教育与培训又跟不上，相当于失掉了现实生计，新的工作转换对他们来说是一个很大的挑战。"自己想开一个小店，但是没钱，也没地方开。觉得现在在家没什么事做，家里条件也太差。自己笨，不会读书，搞不到培训，也不会。"年轻劳动力可以通过外出打工方式解决就业问题，尽管工资并不高，而年纪大一点的，比如四五十岁的劳动力，由于文化素质和劳动技能较低，即使已经安排他们就业，很快就有面临下岗、失业的危险，他们的生存现状和前景堪忧。"保证就业，田地是饭碗，征收了田地农民没饭吃了，现在大学生就业都很难，我们那个时候高中毕业都很不错了，现在我很难找工作。"现在的企业早已过了粗放经营的数量型扩张时期，就业吸纳能力减弱，因此招工门槛也普遍提高。对于被征地女性和已经步入老龄阶段，但仍然具有劳动能力的人口来说，就业的困难更大。"我想找一份时间比较灵活的工作，这样既可以在家做家务，又照顾到孩子和老人，还可以补贴家用，但是还没找到。""厂里不要女性，嫌我们怕累，其实我还是能吃苦的，就是他们不招我。"可见被征地女性由于生理特性和家庭责任，在就业过程中面临着歧视。"我老了，想做事没人要，用人单位看到我是个老人，生怕我在工作期间身体出现什么问题，给他们带来麻烦。""现在老人就只有低保，什么都没有，想出去都找不到事情做，吃苦的事情都肯干，但就是找不到，没机会。"这对老年人身心健康产生很大影响，同时导致其陷入贫困。

二 被征地与养老保障问题

征地所引起的养老保障问题不仅包括现在处于老龄人口的农民，也包括以后必然成为老龄人口的农民，养老保障问题是所有被征地农民共同遇到的问题。现在的年轻劳动力，若在有劳动能力期间没有工作机会，积累不了资产，同时社会保障又不足以解决养老问题，而又失去了土地这一最重要的养老保障手段，则势必也会对未来劳动能力丧失后的生活造成影响。因此，如何妥善解决被征地农民的养老保障成为一个十分重要的农村社会问题。

现行被征地农民养老保险的覆盖面窄，保障水平低。被征地农民养老保险体系的缺失以及一次性补偿政策的缺陷，造成了被征地农民的养老得不到保障。在征地过程中，政府虽然承诺帮助农民购买养老保险，但农民一方面对政府的承诺存在怀疑，另一方面也对现行社会养老保险缺乏信任感。从调查的实际看，政府鼓励被征地农民购买养老保险，并予以一定的资金支持，这使一部分的农民获得了某种程度的养老保障，"买了失地农民养老保险，60 岁可直接办，一个月领 155 元"。但另一部分农民仍然由于经济能力限制没有购买养老保险。"拿到征地的钱我老公就给我上了养老保险，但他自己就没有钱再买保险了。"除此之外，当前的养老保障还处于比较低的水平，这也是农民对"土地换保障"产生怀疑的原因。"虽然征地款买了养老保险，但感觉那么一点养老金不够生活开支，感觉生活没有保障。"

被征地同时使家庭赡养能力下降。自从我国实行计划生育以来，农村的家庭结构从根本上发生了变化，使得儿女负担老人的压力大大增加。加之现代观念对家庭内聚力造成的冲击，使家庭赡养暴露出来的问题日益严重。对于老年人来说，失去土地使农民儿女无工作，其打工收入也不稳定，这又加重了子女赡养老人的压力。"担心养老问题，现在孩子很娇气，孩子有时候会顾不上老人，孩子负担也很大。""由于年纪大，征地补偿款给儿子们分了，他们拿了补偿款去装修房子了。自己一分钱都没拿。现在自己又没有退休工资，生活怎么过？我们农村人没有退休工资。"

三 补偿标准和方式问题

近年来政府采取"土地换保障"、住房安置、划地安置、招工安置等多种非货币化的征地补偿方式，但货币补偿仍然是各地普遍采取的做法，被征地农户往往能一次性获得一笔可观的现金收入。在获得一次性的货币补偿以后，被征地农民只能维持短期生活，甚至短期内生活水平会有所提高，但从长远来看生计却不可持续。调查中被征地农民首要的反馈意见是，征地的货币补偿太低。虽然补偿高低是一个主观判断，但我们可以分析农户认为经济补偿太低的依据。有些耕地种植的是经济作物，农户的主要收入靠栽种蔬菜,当一家栽种几亩蔬菜的时候,在当地可以获得中等的生计,大概有几万元的收入。但当耕地被征用,农户只能获得一次性的补偿,每亩补偿的金额,可能相当于种菜三四年的收入。"土地送给国家,才2万多元一亩,这是断我们的后路啊,有土地的话我们自己自产自销,日子也不会那么难过,现在土地征收了,借钱都借不到。"补偿方式的单一性,让农民为长期的生计问题担忧。"货币补偿,钱到了老百姓手里就变得很少了,根本不够过日子用的。""几万元征地款没有什么作用,长期消费怎么办?""一个人头补给你两三万块钱,能够管多久?""把那地都征完了,就万把块钱,征地后补了的钱花了就没有了,钱也不值钱了,东西又贵。""给老人的这点养老钱,要自己珍惜着用,不然,一天两天过上旧社会了,要有计划。"

货币补偿的执行中,也存在几种降低农民补偿标准的问题。首先,存在少计算土地面积的问题。"没有按尺丈量,少补偿了,不公平,因为永久失地了,每亩地补偿少,只能管我们这代人,儿子孙子就没办法了。"其次,征地补偿中可能存在多标准补偿,增加了农民的不公平感。"补偿款太低了,我只有9万块钱,别人的和我一样多的,钱就拿得多些。""与下面村子在征地中政策不一样,房子、地的价格都低了。"最后,在房屋拆迁还建的实施中,有时又变相降低了补偿标准。"拆迁还建房屋只补9口人,按40平方米每人计算,而不是按1∶1补偿,当时有差不多10户这样补,反映了也没用。"

调查中还了解到,九江市垦殖场的农民,由于没有土地承包经营权,其获得的经济补偿仅仅是青苗补偿费,"征地只补偿青苗费,800元/亩。马路两边不一样。我们农垦的没有补,只补青苗费"。垦殖场的农户认为,这种补偿标准存在更大的不公平性。"地被收了,就给我家每亩两三百元的青苗费作为补偿,其他什么也没有补,原来户口也没落在场里,征地后垦殖场就不管我了。"

四 生活方式改变与适应问题

部分农民被征收的土地不仅包括家庭承包经营的耕地,也包括房屋所在的宅基地。当地政府对房屋拆迁的农民,往往按照1∶1补偿面积的方式,给以相应楼房面积的还建补偿。新的生活方式,使环境卫生、道路交通有所改进。但新的居住方式，给农民的日常生活也带来了不少的负面影响。

但由于被征地农民在思想观念、生活习惯和行为方式等方面与城市居民存在着相当大的差异，被征地农民需要较长时间来适应新的生活方式。调查中了解到，新的生活方式使被征地农民的日常开销增加。原来可以通过土地获得食物，而不必到市场上购买，但"现在什么都要买了，开销也大；生活条件好了却负担不起，因为搞不到钱"。"到了夏天屋子里就热烘烘的，非得开空调，这样花费又高了，现在挣钱又难。"征地虽然使被征地农民失去了农民身份，转换成新的市民角色，但原有的生活习惯却一直保持着，与城市社会显得"格格不入"。"住的楼层低，冬天都晒不到太阳。人与人之间也没有以前那么亲密了，真的是回不到从前，农村人到底还是农村人。"高层对老年人的生活也造成了一定的不便，"老年人上下楼不方便"。"现在的房子很小，住在楼上不适应，每天爬楼梯好麻烦，之前没征地就住着方便很多。""这么高的楼，进门出门都要关门，上去了就不愿意下来了，别人住在六七楼怎么办，特别是老人都不愿下来，我估计很多人都不愿意住公寓，没有车库，老年人活动中心也没有，以前每家每户都住在一起，聊聊天、乘乘凉，现在都没地方可去。"新的生活方式使传统、勤劳、朴素的社区文化遭受破坏，如"人人都打麻将，没事做"。

第二节 被征地农户的基本生计策略

一 征地前后农户的生计活动变化

征地前后农户所从事的生计活动主要包括种植活动、养殖活动、种养以外经营3种经营性活动，以及本地打工、外地打工、公共部门工作3种工资性活动。征地后相比征地前，从事种植、养殖活动的农户比例大幅度下降，而从事种养以外经营、本地打工、外地打工和公共部门就业的农户比例有所增加，其中本地打工增加的农户比例最大，如表3—1所示。总体表明，征地后农户通过替代生计实施生计转型。

表3—1　　　　征地前后从事各种生计活动的农户比例

	种养经营	其中		种养以外经营	打工	其中		
		种植	养殖			本地打工	外地打工	公共部门
征地前（%）	95.48	94.19	64.19	14.35	70.00	56.29	17.74	7.42
征地后（%）	27.74	20.48	18.87	18.06	81.77	70.65	19.52	8.87

在6项生计活动中，征地前农户家庭从事的生计项目数量由多至少依次为3项、2项、1项、4项、5项、0项、6项；征地后从事的生计项目数量由多至少依次为1项、2项、3项、0项、4项、5项、6项（见表3—2）。征地后从事1项和0项生计项目的农户数量明显增多，而从事3项、2项和4项生计活动的农户数量明显减少。农户生计活动征地前平均为2.54项，征地后平均为1.56项。总体上表明，征地后农户的生计多样化程度明显降低。

表3—2　　　　征地前后农户生计活动数量变化

数量（项）	0	1	2	3	4	5	6	平均（项）
征地前（%）	0.32	11.45	33.87	43.23	10.32	0.81	0.00	2.54
征地后（%）	8.71	50.16	24.35	11.13	4.03	1.61	0.00	1.56
总计（%）	4.52	30.81	29.11	27.18	7.18	1.21	0.00	2.05

二　征地前后农户的生计策略多样化

（一）生计多样化与收入水平

被征地农户收入来源的调查包括4大类14小类如表3—3所示。总体上可以看出，参与某项生计活动的农户比重与该项活动的收入比重两者的变化并不同步，生计多样化与收入水平高低是有差别的。具体的征地后拥有种植、养殖和农业补贴3种生计渠道的农户比重降低幅度较大，但其收入比重的降低幅度则要少得多。而征地后拥有非农经营、本地打工、外地打工、公共部门工作，以及获得社会救助、亲朋馈赠、养老金、其他转移性收入、存款利息、租赁收入、股票收益11种生计渠道的农户比重大于征地前,且其收入比重全部呈现正的增加。

对于被征地农户来说,经营性收入和工资性收入是直接创造价值的主动收入活动,转移性收入和财产性收入是农民相对被动获得的收入。前两类收入活动是被征地农户可以主动调整的生计活动,更能够体现农户应对被征地冲击所采取的生计多样化策略。如表3—3所示,农户征地前的种植和养殖收入分别占总收入的19.07%和7.60%,但征地后这两项的收入分别下降到只占1.33%和0.82%。征地前非农经营活动、本地打工和外地打工构成农户的重要生计来源,而征地后这3种生计来源的收入比重进一步提高(分别提高1.88个、14.10个和3.05个百分点)。

表3—3　　　　　征地前后农户收入种类变化情况

类型		(1)征地前农户比重(%)	(2)征地前收入构成(%)	(3)征地后农户比重(%)	(4)征地后收入构成(%)	(3)—(1)	(4)—(2)
经营性收入	种植活动	94.19	19.07	20.48	1.33	-73.71	-17.74
	养殖活动	64.19	7.60	18.87	0.82	-45.32	-6.78
	非农经营活动	14.35	16.84	18.06	18.72	3.71	1.88
工资性收入	本地打工	56.29	33.23	70.65	47.33	14.36	14.10
	外地打工	17.74	14.63	19.52	17.68	1.78	3.05
	公共部门工作	7.42	3.59	8.87	5.92	1.45	2.33
转移性收入	社会救助	3.71	0.17	6.94	0.37	3.23	0.20
	农业补贴	62.58	0.93	42.58	0.70	-20.00	-0.23
	亲朋馈赠	13.23	1.12	17.58	1.37	4.35	0.25
	养老金	19.03	1.50	38.71	2.93	19.68	1.43
	其他转移性收入	2.74	0.18	4.19	0.38	1.45	0.20
财产性收入	存款利息	28.23	0.87	37.42	1.28	9.19	0.41
	财产租赁收入	3.06	0.25	9.68	1.13	6.62	0.88
	股票收益	0.65	0.02	1.13	0.04	0.48	0.02

(二)生计多样化与兼业化

本章以是否参与农业经营,是否参与非农经营和打工活动,将农户划分为纯农户、兼业农户、非农农户和无就业农户。征地引起纯农户和兼业农户大幅度减少，而非农农户和无就业农户明显增多，如表3—4所示。征地后兼业农户的减少，无就业农户的增加，都表明农户的生计多样化水平在下降。农户兼业与否是考察分工专业化的重要视角，有的研究将农户兼业分为农业为主的一类兼业和非农为主的二类兼业，这些分析都以收入份额的度量为前提。但是，农业的自然风险以及生产的跨年度性导致农业收入在不同年份具有较大波动性，因此，以收入份额的视角看待被征地农户兼业问题并不是一个普适的方法。征地前后农户的兼业情况发生了很大的变化，如表3—4所示，征地前的纯农户比例为21.77%，而征地后的纯农户只有2.26%，征地前兼业农户比例为73.71%，而征地后兼业农户比例降到25.48%。征地后非农农户和无就业农户比例大大增加，分别达到63.55%和8.71%。

表3—4　　　　　　　　征地前后农户兼业变化情况

农户类型	含义	征地前（%）	征地后（%）
纯农户	仅从事农业经营，未从事非农经营或打工活动	21.77	2.26
兼业农户	既从事农业经营，又从事非农经营或打工活动	73.71	25.48
名义农户			
非农农户	仅从事非农经营或打工活动，而没有从事农业经营	4.19	63.55
无就业农户	既没有从事农业或非农经营活动，也没有从事打工活动	0.32	8.71

从农户农业经营活动的变动视角，也可以看出征地后农户兼业化和生计多样化呈双双下降的趋势。征地前从事农业经营而征地后不再从事农业经营的农户占68.07%，分项看离开种植和养殖的农户分别占农户总数的74.19%和46.61%。总体上来看，只有27.74%（27.42%+0.32%）的农户继续经营农业，而有72.26%（68.07%+4.19%）的农户不再从事农业经营，如表3—5所示。

表3—5　　　　　征地前后参与农业经营的农户比重变化

征地前→征地后	种植活动（%）	养殖活动（%）	农业经营（%）
有→有	20.00	17.58	27.42
有→无	74.19	46.61	68.07
无→有	0.49	1.29	0.32
无→无	5.32	34.52	4.19

三　被征地农户的劳动力流动策略

被征地农户的另一重要生计策略是劳动力流动。被征地农户劳动力流动可分为本地流动和外地流动。本地流动是指户内劳动力离开农业经营，在本地从事非农经营、农业打工、非农打工或公共部门工作；外地流动是指户内劳动力在县外从事非农打工和非农经营。由于户内成员是否属于劳动力是随着时间变化的，有的家庭成员在征地后进入劳动力市场，有的家庭成员则在征地后退出劳动力市场，因此这里劳动力流动变化的计算是基于户内劳动力总体流动数量，而非基于具体的户内成员流动情况。征地后劳动力的流动趋势和兼业化变动趋势相互呼应，而劳动力的非农流动与生计多样化关系并不明确。表3—6显示了征地前后农户劳动力流动情况，其中比较突出的现象是征地后56.94%的农户在本地农业经营领域减少劳动力，这一比例远大于增加劳动力的农户比例（1.29%）；与此同时，44.03%的农户增加了本地非农活动的劳动力，这一比例远大于减少劳动力的农户（6.13%）；9.19%的农户增加了外地非农活动的劳动力，这一比例略大于减少劳动力的农户。被征地农户劳动力流动的突出特征是集中在本地非农流动，可能的原因是，征地区域处于城市周边地区，城镇化吸纳新劳动力的能力较强。

表3—6　　　　　征地前后农户劳动力流动变化情况

类型	增加（%）	不变（%）	减少（%）
本地农业经营	1.29	41.77	56.94
劳动力非农流动	45.65	47.26	7.09
本地流动	44.03	49.84	6.13
外地流动	9.19	84.04	6.77

四 被征地农户补偿款使用策略

受访农户平均被征地的次数为 1.22 次，最大值为 7 次，最小值为 1 次，最近一次征地时间的中位数是 2010 年。不同时期不同征地项目的补偿水平和方式存在差异，表 3—7 显示了被征地农户最近一次征地货币补偿状况。在最近一次征地中，被征地农户平均每亩获得补偿 15186.54 元，平均每户获得补偿 64575.58 元。

表 3—7　　　　　被征地农户最近一次征地货币补偿情况

类型	均值	上四分位数	中位数	下四分位数
按亩（元）	15186.54	643.27	16100.00	23958.33
按户（元）	64575.58	5100.00	28760.00	100000.00

注：部分农户被征地时间较早，或者属于垦殖场农户，因此得到的补偿较少。

征地补偿款成为农户改善生计的重要来源，被征地农户的征地补偿款主要包含农业经营投资、非农经营投资、医疗支出、教育培训等 12 个方面的用途。其中日常生活开支、改善住房和储蓄 3 种用途的发生比例较大，如表 3—8 所示。

表 3—8　　　　　　被征地农户补偿款用途

用途	频数（户）	比例（%）
农业经营	11	1.77
非农经营	38	6.13
医疗	82	13.23
教育培训	72	11.61
改善住房	253	40.81
红白喜事	23	3.71
日常生活开支	366	59.03
购买保险	25	4.03
储蓄	145	23.39
投资理财	2	0.32

第三章 调查点被征地农户的基本生计问题与生计策略

续表

用途	频数（户）	比例（%）
还债	33	5.32
其他	12	1.94
响应	1062	171.29

注：本题项为不定项选择题。其他用途主要有资金借出、给子女、未拿到补偿等。

第四章

被征地农户的生计能力变化分析

第一节 生计能力测量的理论分析

一 可持续生计框架应用于被征地农户生计能力的可行性

基于阿玛蒂亚·森的可行能力理论，农户生计能力是农户有可能实现的、各种可行的功能性活动的组合，是实现各种不同生活方式的自由。农户在征地前后生计资本水平和结构发生的一系列变化，意味着其生计能力的变化。理解被征地农户生计能力的维度很多，包括所处的制度背景、存在的风险、面临的挑战和机会，等等，而从被征地农户生计资本水平与结构变化的视角进行考察，应该是深入理解失地农户生计能力变化的最好方法之一。

关于被征地农民生计能力的研究方法主要包括 Atkinson 社会福利指数评价法（周义、李梦玄，2014）和基于可行能力框架的模糊综合评价法（高进云、乔荣锋等，2007；高进云、周智等，2010；王伟、马超，2013）。阿玛蒂亚·森（2002）在对传统福利经济学进行批判的基础上提出了可行能力理论，认为个体的福利水平取决于其所具有的可行能力。由于构成个体福利的可行能力是不可直接观察的，因此在实证研究中对福利的衡量通常建立在评价个体功能性活动的基础上。现有文献选取家庭经济收入、经济状况、居住条件、社区生活、社会机会、社会保障、环境、心理因素等方面作为衡量失地农民福利的功能性指标（高进云、乔荣锋、张安录，2007；王伟、马超，2013；周义、李梦玄，2014）。基于可行能力的模糊综合评价法则假定功能性指标之间不存在替代关系

（高进云、周智、乔荣锋，2010）。这一假定在现实中较难符合，同时由于随着评价指标值的增加，指标对应的权重边际递减，这就给指标变量的选取带来难度，指标选取的随意性又进一步降低了评价的科学性。

在被征地农户福利状况变化的研究中，虽然不少文献使用了农户生计这一概念，但并未真正应用可持续生计框架对被征地农户的生计能力问题进行实证的定量分析。可持续生计分析框架（SLA）基本概念的提出来源于20世纪80年代和20世纪90年代早期对于贫困的属性理解的加深。这一框架来自Sen（1981），Chambers、Conway（1992）对解决贫困的发展方法的研究，他们除了考察研究传统意义上收入的贫困以外还特别强调了发展能力的贫困，即缺少能力去选择和完成基本的生计活动。英国国际发展部（DFID）于1998年提出的可持续生计分析框架提供给人们一套观察和分析贫困、生计问题的思路。该分析框架关注如何使用资产和能力，并通过维持和增强这些资产和能力，达到保护生计这一目的。该分析框架将生计资本划分为自然资本、物质资本、人力资本、金融资本和社会资本5种类型，描述了农户在风险与脆弱性环境以及变革的制度与组织中，如何通过自身的机会与潜力以及外部的公共服务，运用其生计资本发展生计。可持续生计框架既反映农户生计资本结构、生计策略和生计结果之间的循环回路，也反映了5种生计资本的相互转化机制。由此可见，可持续生计框架与可行能力具有密切关系，可持续生计框架可看作基于Sen（1981）的可行能力思想的生计能力分析框架。

被征地农户所拥有或可以使用的生计资本是其应对征地冲击和实现生计转型的重要基础。可持续生计分析框架提供了一种深入观察农户的新视角（李小云，2007），通过该分析框架研究征地冲击下的农户生计资本状况，有助于更好理解农户生计能力的变化情况。征地作为对农户生计的外部冲击，体现了被征地农户生计的风险与脆弱性，因此必然导致农户生计资本的水平和结构变化。因此，从生计资本水平和结构变化角度的分析可以考察被征地农户生计能力的变化，具体如图4—1所示。

二 被征地农户生计资本如何测量

以往对农户生计能力的评价往往只关注其收入情况，这种评价方法的优点是数据相对容易获取，其弊端是难以客观评价农户的生计能力。

▶ 被征地农民的生计策略研究

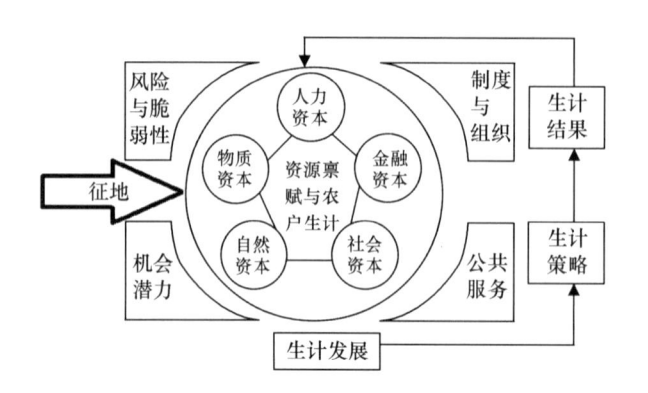

图4—1　被征地农户的可持续生计框架

农户生计资本是农户得以扩展其生计能力的条件，关于农户生计能力的研究越来越重视对其生计资本的考察。杨云彦、赵锋（2009）利用南水北调工程的实地调查数据，对库区农户生计资本现状进行了实证分析；黎洁、李亚莉等（2009）利用农户实地调查数据分析了中国西部贫困退耕山区的生计资本状况；李树茁、梁义成等（2010）在使用农户模型具体分析了退耕还林政策对农户生计资本的影响。以农户生计资本衡量农户生计能力虽然在逻辑上可行，但在数据处理中的困难是很难对不同类型的生计资本变量进行直接的加总。已有研究在农户生计资本量化指标的设定以及指标的计算方面都还有很多不足（李小云等，2007）。

　　农户生计资本的测量涉及指标变量的选取以及变量的权重。在 DFID 的可持续生计分析框架中 5 种生计资本的考察维度是明确的，而且从已有文献看，对生计资本指标变量的选取也比较一致。然而，对于选取的各生计资本变量的权重却较难取得一致的意见，不同的研究根据需要会赋予不同变量以不同的权重。由此产生的疑问是，农户各项生计资本权重的设置科学合理吗？如果各项生计资本权重的设置不够科学合理，则其加权求和的思路也是不科学的。实际上，只要是通过非客观方式设置权重，就难免出现方法有效性和推广性的问题。鉴于以往文献在生计资本变量权重设置上的问题，本书将基于因子分析的方法提出一种处理方法，以此来考察被征地农户的生计资本变化，进而分析被征地农户生计能力的变化。

· 58 ·

三 被征地农户生计能力测量思路

本章研究拟解决的问题是：在征地这一外部风险冲击下，农户的生计能力发生了怎样的变化？为回答这一问题，首先尝试发展出一套测量农户生计资本的新方法，其次利用调查数据评价征地前后农户生计资本的变化，最后以此评价被征地农户生计能力的变化。关于农户生计资本测量，本书从自然资本、物质资本、人力资本、金融资本和社会资本5个方面分别构建农户生计资本指标体系。由于5种生计资本性质不同，本章研究将分别采用因子分析及因子综合得分方法来考察被征地农户5种生计资本水平与结构的变化状况。对农户生计资本水平的变化分析采用因子综合得分增减比较和两配对样本均值t检验的方法；对农户生计资本结构变化的分析采用简单相关分析、偏相关分析和复相关分析等方法。以下部分内容包括农户生计资本变量选取与因子综合得分计算，征地前后农户生计资本增减变化分析，征地前后农户生计资本结构变化分析，研究结论与讨论。

第二节 农户生计资本变量选取与因子综合得分

一 农户生计资本的变量选取

借鉴 Sharp（2003）、李小云等（2007）、史俊宏和赵立娟（2012）对生计资本指标的设计，本章研究选取了以下变量作为农户生计资本5个维度的衡量指标，如表4—1所示。

表4—1　　　　农户生计资本衡量指标及其考察变量情况

指标	变量	含义	征地前	征地后
自然资本	水田面积	实际可耕种水田（亩）	3.93	0.32
	旱地面积	实际可耕种旱地（亩）	2.90	0.29
	园地面积	包括果园、茶园（亩）	0.23	0.06
	林地面积	包括退耕还林在内的农户占有林地（亩）	1.27	1.06
	水面面积	农户承包的堰塘（亩）	0.14	0.07
	宅基地面积	房屋及其庭院地面面积（平方米）	189.85	68.46

续表

指标	变量	含义	征地前	征地后
物质资本	住房套数	拥有住房套数（套）	1.17	1.78
	房屋面积	房屋建成面积（平方米）	275.30	266.86
	地面材料	0＝土砖、石料、水泥；1＝水磨、瓷砖、木地板	0.46	0.67
	主要能源	0＝柴草、沼气、煤炭；1＝天然气、电	0.37	0.82
	饮用水来源	0＝井水等其他水源；1＝自来水、纯净水	0.49	0.91
	厕所类型	0＝旱厕、无厕所；1＝水冲式厕所	0.36	0.78
	耐用品数量	户内电视机、冰箱、空调、洗衣机、摩托车/电动车、电话、照相机、热水器、电脑、汽车10种耐用品的拥有种类	5.02	6.74
人力资本	户主健康水平	1＝非常差；2＝比较差；3＝一般；4＝比较好；5＝非常好	—	3.46
	户主受教育年限	实际受教育年数（年）	—	6.51
	家庭人均健康	户内成员健康水平平均值	—	3.74
	家庭人均教育	户内成员受教育年限平均值（年）	—	6.43
	劳动力比	16岁到59岁人口占比	—	0.63
金融资本	家庭纯收入	由种植业纯收入、养殖业纯收入、非农经营性收入、工资性收入、转移性收入、财产性收入等加总（元）	52532.98	55956.91
	借贷出金额	借出和贷出资金（元）	1260.97	2413.23
	存款金额	现金和银行储蓄款（元）	24924.68	34858.61
社会资本	拜年户数	春节期间相互串门、打电话等拜年方式（户）	20.91	20.11
	资金支持户数	若家庭发生经济困难可获得资金支持（户）	7.82	7.88
	劳动力支持户数	若家庭成员生病可获得劳动力支持（户）	10.27	9.80
	亲朋是村干部	0＝无；1＝有	0.23	0.23
	亲朋在机关事业单位	0＝无；1＝有	0.28	0.28
	亲朋是企业老板、高管	0＝无；1＝有	0.20	0.21
	参加民间协会组织	0＝无；1＝有	0.03	0.03

注：本数据的人力资本指标只调查征地后情况。

二 农户生计资本的因子综合得分计算

因子分析是通过对原始数据的相关系数矩阵内部结构的研究,将多个变量转化为少量互不相关且不可观测的随机变量,以提取原有变量绝大部分的信息。因子分析体现了降维的思想,由于各原始变量之间存在相关性,通过公共因子的提取可以反映原始数据的大部分信息,根据因子综合得分计算可以将多个变量合并为单一的指标变量。

在进行因子分析之前,首先将原始数据进行标准化处理以消除变量间在数量级和量纲上的不同。然后根据所提取的公共因子数量,通过因子得分系数矩阵与原始变量标准化值求解因子得分。因子得分是将因子变量表示为原有变量的线性组合,通过因子得分函数计算因子得分,是因子变量构造的重要体现。因子得分可看作各变量值的权数总和,权数的大小表示了变量对因子的重要程度。最后根据各公因子得分与各公共因子方差贡献率占各公因子累计方差贡献率的比重求解因子综合得分。由于因子得分只具有相对意义,一般可通过因子综合得分确定每个样本得分大小顺序。

为了比较征地前后农户各项生计资本的增减,将征地前后农户的各项生计资本个案合并进行因子分析,并通过因子旋转计算因子综合得分,然后重新进行个案拆分,则每个样本农户可以得到征地前的因子综合得分和征地后的因子综合得分。通过因子综合得分的计算,不仅可以直接比较征地前后各项生计资本变化,而且可以利用其相对意义进行相关性分析。对于本章的各个变量组,其 KMO 值均大于 0.5,Bartlett 球形检验显著性概率均为 0.000,这说明各个变量组均适合作因子分析。综合考虑因子的初始特征值(0.8 以上)、碎石图和累积贡献率(70%以上),选定生计资本各指标的公因子提取数量分别为 4、3、2、2、4。因子分析提取的公因子总体上反映了原始数据的大部分信息,运用方差最大正交旋转法对因子载荷阵进行旋转,得到因子旋转载荷阵,总方差贡献率分别达到 79.669%、70.813%、75.091%、77.048% 和 72.319%。以上适合性检验的结果列示,如表 4—2 所示。

表4—2　　　　　　农户各项生计资本因子分析适合性检验

	自然资本	物质资本	人力资本	金融资本	社会资本
KMO 值	0.622	0.733	0.567	0.612	0.714
Bartlett 球形检验（卡方值）	640.956	1998.442	1109.280	248.250	912.504
Bartlett 球形检验（p 值）	0.000	0.000	0.000	0.000	0.000
公因子提取数	4	3	2	2	4
累积方差贡献率	79.669	70.813	75.091	77.048	72.319

第三节　征地前后农户各项生计资本增减变化分析

被征地农户收入来源的调查包括4大类14小类，农户户均年纯收入从失地前的52532.98元增加到55956.91元。总体上看，征地后种植、养殖和农业补贴3类收入的比重明显下降，征地前的种植和养殖收入分别占总收入的19.07%和7.60%，但征地后这两项的收入分别下降到只占1.33%和0.82%。而11种收入的比重不同程度增加，其中征地前非农经营活动、本地打工和外地打工构成农户的重要生计来源，而征地后这3种生计来源的收入比重进一步提高（分别提高1.88个、14.10个和3.05个百分点）。但这里需要说明的是，以收入看待被征地农户生计能力并不是一个很好的方法，原因至少包括两点：首先农业的自然风险以及生产的跨年度性，导致农户收入在不同年份具有较大波动性；其次在可持续生计框架中，收入属于农户的金融资本，它作为部分而非全部反映了生计能力。因此通过生计资本增减的分析可以更好反映失地农户的生计能力变化。

由于将征地前后的生计资本进行个案合并，农户各项生计资本内部的因子综合得分可以直接进行前后比较。为了研究征地前后农户各项生计资本的因子综合得分均值是否存在差异，采用两配对样本t检验进行分析，如表4—3所示。检验表明，农户自然资本征地前显著大于征地后，农户物质资本、金融资本征地前显著小于征地后，而社会资本在征地前后没有显著变化。通过生计资本变化的雷达图可以更清晰地反映征地前后农户各项生计资本综合得分均值的变化情况（见图4—2）。由于实地调查没有获取人力资本前后变化的数据，将农户征地前后人力资本均值均设定为0。

表4—3　　　　　征地前后农户各项生计资本两配对样本t检验

	自然资本		物质资本		金融资本		社会资本	
	标准差	均值	标准差	均值	标准差	均值	标准差	均值
征地前	0.254	0.556	-0.294	0.533	-0.053	0.590	0.005	0.508
征地后	-0.254	0.311	0.294	0.477	0.053	0.815	-0.005	0.512
sig.（双侧）	0.000		0.000		0.000		0.240	

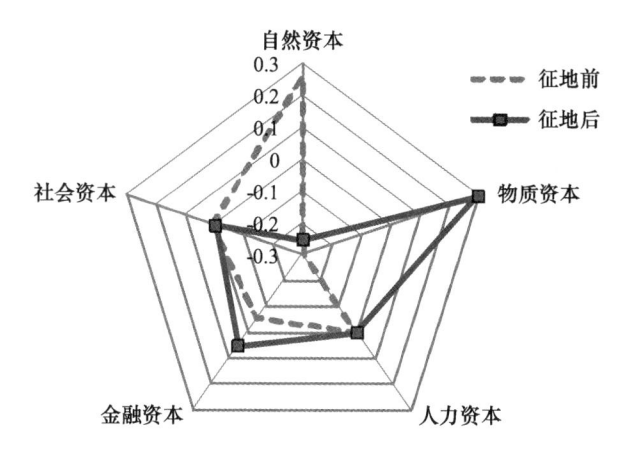

图4—2　征地前后农户生计资本因子综合得分变化

通过因子综合得分的差值比较，可以发现征地前后农户各项生计资本的变化。总体上看，征地后自然资本减少的农户占99.52%，物质资本、金融资本增加的农户明显多于减少的农户，而社会资本增加的农户只略多于减少的农户，如表4—4所示。由于征地往往伴随着房屋拆迁，土地补偿款使农户增强了购买力，从而普遍提升了被征地农户的物质资本。大部分农户金融资本增加的同时，仍然有一定比例的农户金融资本发生下降，这可能是由于就业部门的转变带来收入下降。

表 4—4 征地前后农户各项生计资本增减变化

	自然资本	物质资本	金融资本	社会资本
减少（%）	99.52	4.52	37.74	48.23
不变（%）	0.00	12.42	0.00	0.00
增加（%）	0.48	83.06	62.26	51.87

第四节 征地前后农户生计资本相关关系分析

一 征地前后农户各项生计资本的 Pearson 相关分析

分析征地前后农户各项生计资本之间的相关性并比较其征地前后的变化有助于理解征地对农户生计资本结构的影响。经过因子综合得分计算之后，农户各项生计资本指标满足 Pearson 相关系数计算的条件：①变量均为连续变量；②变量均来自正态分布或接近正态的单峰对称分布的总体。农户征地前后各项生计资本组内相关性变化情况如表 4—5 所示。无论是征地前还是征地后，自然资本与其他各项生计资本的相关性都较低，而且不少生计资本之间的相关系数显著性水平低于 0.05。可能的原因是自然资本作为一项自然禀赋，征地前的农村土地承包中强调均包方式，而在征地过程中，征地多少也与其他各项生计资本的多少无关，从而结果表现为征地后剩余的自然资本存量与其他各项生计资本相关性也极低。其中征地后的农户自然资本与物质资本表现为负相关关系，说明某种程度上农户自然资本被征用后，物质资本随之增加。

不论是在征地前还是征地后，物质资本、人力资本、金融资本和社会资本在 0.01 显著水平下都存在两两相关关系。其中，物质资本与人力资本、物质资本与金融资本、物质资本与社会资本、人力资本与社会资本这 4 对变量的相关系数在征地后明显下降，而人力资本与金融资本、金融资本与社会资本这 2 对变量的相关系数在征地后明显上升。总体上看，征地后农户物质资本与人力资本、金融资本、社会资本的紧密性降低，而金融资本与人力资本、社会资本的紧密性提高。前者的特征意味着农户物质资本提高可能具有突变性，后者的特征意味着人力资本和社会资本对财富创造的影响作用加强，农户被卷入市场的程度大大提高。

表4—5　　征地前后农户各项生计资本组内 Pearson 相关性变化

		征地前		征地后		绝对值大小变化
		相关系数	显著性检验	相关系数	显著性检验	
自然资本	物质资本	−0.026	0.521	−0.077	0.055	—
自然资本	人力资本	0.048	0.235	0.140	0.000	—
自然资本	金融资本	0.109	0.006	0.011	0.790	—
自然资本	社会资本	0.068	0.090	0.122	0.002	—
物质资本	人力资本	0.318	0.000	0.292	0.000	↓
物质资本	金融资本	0.269	0.000	0.188	0.000	↓
物质资本	社会资本	0.370	0.000	0.237	0.000	↓
人力资本	金融资本	0.150	0.000	0.208	0.000	↑
人力资本	社会资本	0.324	0.000	0.313	0.000	↓
金融资本	社会资本	0.318	0.000	0.325	0.000	↑

注：本数据只调查征地后人力资本的情况，表中征地前人力资本因子综合得分用征地后人力资本因子综合得分代替。

除了以征地前后进行分组观察农户各项生计资本的相关性之外，还可以从不同生计资本的角度观察征地前后的相关性。通过计算得出，征地前后的农户自然资本、物质资本和金融资本存在中度相关关系，征地前后的农户社会资本存在极高相关关系，如表4—6所示。这表明征地使农户的自然资本、物质资本和金融资本在短期内发生了显著的变化，农户的生计类型也发生了一定程度的分化。不过，社会资本的相关性极强，说明社会资本在考察期内具有稳定性。

表4—6　　征地前后农户各项生计资本的 Pearson 相关性

	相关系数	显著性检验
自然资本	0.487	0.000
物质资本	0.495	0.000
金融资本	0.478	0.000
社会资本	0.933	0.000

二 征地前后农户生计资本的偏相关和复相关分析

通过多元线性回归模型，进一步考察征地前农户各项生计资本对征地后各项生计资本影响的偏相关系数和复相关系数如表4—7所示。在0.01显著性水平下Pr>F，表明自变量与因变量之间存在显著的线性关系，模型整体回归效果良好。VIF值均小于2，说明变量之间不存在多重共线性。由于农户生计资本各变量是通过标准化计算得来的，因此在回归结果中报告标准化回归系数更恰当，同时也报告各变量之间的偏相关系数。偏相关系数是扣除其他变量影响之后两个变量之间的相关关系，当标准化系数与偏相关系数绝对值不一致时，通过偏相关系数的比较来确定变量间的内在联系比标准化系数更真实可靠（王海燕等，2006）。通过标准化回归系数和偏相关系数，可以发现征地前各项生计资本对征地后各项生计资本影响的重要性程度。本次回归分析中标准化回归系数和偏相关系数的重要性判断完全一致，这里只看显著性水平小于0.1的自变量。

表4—7的回归结果显示：①在农户征地后自然资本回归方程中，征地前自然资本和物质资本正向影响征地后自然资本，重要程度为自然资本＞物质资本；②在农户征地后物质资本回归方程中，征地前自然资本、物质资本、金融资本会正向影响征地后物质资本，重要程度为物质资本＞金融资本＞自然资本；③在农户征地后人力资本回归方程中，征地前的物质资本和社会资本正向影响征地后人力资本，重要程度为社会资本＞物质资本；④在农户征地后金融资本回归方程中，征地前物质资本、金融资本和社会资本正向影响征地后金融资本，重要程度为金融资本＞社会资本＞物质资本；⑤在农户征地后社会资本回归方程中，征地前物质资本和社会资本正向影响征地后社会资本，征地前自然资本负向影响征地后社会资本，重要程度为社会资本＞物质资本＞自然资本。总体上看，农户征地前生计资本对征地后生计资本存在正向影响。农户征地前的自然资本对征地后自然资本的影响最大，其他生计资本也在某种程度上对征地后的自然资本有所影响，其他回归方程规律相似。

第四章 被征地农户的生计能力变化分析

表4—7 征地前农户生计资本对征地后农户各项生计资本回归结果

	征地后自然资本			征地后物质资本			征地后人力资本			征地后金融资本			征地后社会资本		
	标准化系数	偏相关系数	Pr>t	标准化系数	偏相关系数	Pr>t	标准化系数	偏相关系数	Pr>t	标准化系数	偏相关系数	Pr>t	标准化系数	偏相关系数	Pr>t
自然资本	0.491	0.491	0.000	0.085	0.098	0.015	0.037	0.039	0.328	-0.055	-0.064	0.113	-0.030	-0.082	0.042
物质资本	0.122	0.128	0.001	0.466	0.444	0.000	0.230	0.222	0.005	0.102	0.107	0.008	0.043	0.109	0.007
金融资本	-0.045	-0.048	0.229	0.105	0.113	0.005	0.010	0.010	0.805	0.417	0.411	0.000	-0.007	-0.018	0.650
社会资本	0.055	0.057	0.158	0.009	0.009	0.815	0.233	0.222	0.005	0.124	0.129	0.001	0.922	0.919	0.000
R-squared	0.257			0.265			0.152			0.262			0.873		
Pr>F	0.000			0.000			0.000			0.000			0.000		
R	0.507			0.515			0.389			0.512			0.935		

· 67 ·

复相关系数是测量一个变量与其他多个变量之间线性相关程度的指标，复相关系数的取值范围是 [0, 1]。从回归方程同时可以看出，农户征地前生计资本（不包含人力资本）与征地后自然资本的复相关系数为 0.507，与征地后物质资本的复相关系数为 0.515，与征地后人力资本的复相关系数为 0.389，与征地后金融资本的复相关系数为 0.512，与征地后社会资本的复相关系数为 0.935。总体上看，农户征地前的生计资本与征地后的生计资本有较强的相关关系。

第五节 结语

本章提出了一套基于生计资本测量被征地农户生计能力的方法，并利用该方法评价征地前后农户生计资本的变化。本章采用因子综合得分方法，从水平和结构两个维度考察农户征地前后生计资本变化。从数据分析结果看，该方法具有一定的合理性和可操作性。实际上，基于一时一地的被征地农户调查研究无法全面反映中国被征地农户总体生计状况变化，因此，本章研究的主要贡献在于从可持续生计分析框架视角进行被征地农户生计资本水平和结构变化的评价，提出采用因子分析及因子综合得分方法进行分析的可行性。本章对生计资本状况的指标构建，也有助于后面章节的进一步分析。本章研究针对调查地区被征地农户的具体分析结论如下：

（1）从整体上看，征地后农户的自然资本显著小于征地前水平，农户的物质资本、金融资本显著大于征地后水平。

（2）征地直接降低了农户的自然资本，但并不必然增加农户的物质资本和金融资本，仍有一定比例的农户物质资本和金融资本下降。

（3）征地对农户的社会资本影响并不明显。与工程移民不同，由于征地往往采取就地就近安置方式，社会资本在考察期内具有稳定性。这一结论与传统观念所认为的征地破坏农村社区熟人社会网络关系并不一致。

（4）征地后农户物质资本与人力资本、金融资本、社会资本的紧密性降低，而金融资本与人力资本、社会资本的紧密性提高，这两方面的特征意味着农户物质资本提高具有突变性,同时农户随着土地被征用而被动卷入市场的程度大大提高。

(5)通过相关性研究表明,总体上看,农户征地前各项生计资本与征地后各项生计资本关系密切,征地前生计资本对征地后生计资本存在正向影响,但各个维度的影响重要性存在差异。

第五章

被征地农户生计多样化影响因素分析

在农户的众多生计策略中,生计多样化越来越受到重视。农户生计多样化不仅与其他生计策略存在着很强的关系,而且本身被认为是生计可持续与否的关键(Ellis,1998;Block&Webb,2001)。然而,传统上农户生计策略多样化的研究侧重农户在经营农业方面的多样化,比如,种植品种多样化或养殖品种多样化,而缺乏将非农活动纳入农户生计策略多样化的分析。对于中国的小农来说,非农收入已经越来越成为其最重要的收入途径,如根据《中国统计年鉴》数据,2013年全国层面农户工资性收入占家庭纯收入的比重已达45.25%,而家庭经营纯收入(包括农业经营和非农经营)占纯收入的比重已经下降到42.64%。因此,在对被征地农户生计策略多样化的考察中,亟需关注家庭整体的生计策略多样化。

第一,已有研究对农户生计多样化的研究,主要是通过收入多样化进行考察,但因为农户不同年份的收入有波动,某些项目的收入可能为零或者负值,因此从收入角度考察生计多样化,并不完全合理。第二,已有研究关注了各种生计资本与生计策略的关系,但缺乏专门从生计多样化角度考察各种生计资本对生计策略多样化的影响,已有研究以财富或收入情况作为生计资本状况的指标,含义比较笼统且缺乏科学性。第三,已有关于生计资本对生计多样化影响机制的研究,没有区分多样化能力与多样化行为的差异,农户多样化能力是由禀赋决定的,而农户多样化行为受到包括禀赋在内的更多因素影响。概念的混淆导致相关研究对生计资本与生计多样化影响机制没有取得较一致的结论，直接影响各种干预政策的设计。第四，在农户生计策略的众多研究中，关于被征地农户生计策略的分析十分缺乏，而关于被征地农户生计策略影响因素的思考则更为阙如。总而言之，被征地农户是城市化进程中的一个特殊群体，被征地农户有别于传统农户，征地对生计多样化影响所呈现的特点，需要特别关注，这样才能实施区别于传统农户的政策干预措施。

总体上看，生计资本影响或决定生计策略的实施。农户生计策略不是自由的，而是受经济、社会和资本的约束（Ellis，2000）。Moser（1998）认为生计策略的实施能力主要依赖于家庭所拥有的物质资本和社会资本，而熊吉峰、丁士军（2010）的研究则认为，农户生计策略更多依赖金融资本、人力资本与物资资本。苏芳等（2009）指出，农户生计资本对生计策略的影响还受到所从事行业的调节。除了农业经营策略，非农生计策略也会受到农户生计资本影响（李聪等，2010）。总之，生计资本的性质和状况是核心，它决定了农户采用何种生计策略（苏芳、徐中民等，2009）。

在众多的农户生计策略中，生计多样化问题越来越受到关注。生计多样化既包括农业经营活动多样化，也包括非农活动的多样化（Cramb et. al，2004）。已有经验研究表明，总体上农户的生计资本影响着生计多样化的选择，自然资本、人力资本、物质资本、金融资本和社会资本会限制农户实施生计多样化策略（赵雪雁、李巍等，2011；苏芳、蒲欣冬等，2009）。关于生计资本与生计多样化的关系，有的研究认为生计资本与生计多样化存在正向关系，Abdulai、CroleRees（2001）对农户收入多样化决定因素的研究，阎建忠（2009）对农牧民生计策略的研究。而另一些研究表明生计资本与生计多样化存在倒U型关系，（徐雪高，2011）认为农户的财富水平总体与生计多样化之间存在倒U型关系，陈传波（2007）认为农户多样化行为与绝对收入水平之间为倒U曲线的趋势。

第一节 生计活动选择的影响因素分析

一 基本理论假设

受到征地冲击以后，农户的自然资本首当其冲发生了重大变化，原来的自然资本变更为征地后的自然资本和补偿款。被征地农户生计资本的变化，必然会引起家庭生计策略的变化，而不同的生计策略又进一步影响被征地农户的生计结果。在被征地农户的整个生计循环中，农户实施的各种生计活动都具有关键性作用，生计活动既受制于家庭的资源环境，又将农户生计引向不同的道路。被征地农户生计结果的衡量标准并不唯一，家庭纯收入是其中一个可以进行明确考察的指标，因此受到广泛采用。基于可持续生计框架，本章研究对被征地农户生计活动影响因素与效应做出如下基本假设：

假设1：征地前的农户生计活动，主要受到脆弱性背景，家庭拥有的自然资本、人力资本、金融资本、物质资本、社会资本，以及各层面政策制度的综合影响。

假设2：征地后的农户生计活动，主要受到脆弱性背景，征地后的自然资本、人力资本、金融资本、物质资本、社会资本，以及各层面政策制度的综合影响。

二 模型设定和变量处理

对于征地前后所从事生计活动的考察，包括种植活动、养殖活动、种养以外经营、本地打工、外地打工、公共部门工作6种。农户生计资本与生计多样化往往不是线性关系，而可能存在倒U形关系（马志雄等，2016），而且生计资本提高与从事某项生计活动的概率并非正相关，因此回归模型将采用分段回归。分段的依据是贫富等级的判断，农户贫富等级是相对于同村其他农户而言的，调查中由村干部做出综合判断。按贫富等级分为贫困、中等和富裕3种类型农户，它们分别占样本农户的25.16%、58.23%和16.61%。分类导致某些生计活动的样本量太小，为此考虑将种植活动和养殖活动归并为种养经营活动，将本地打工、外地打工和公共部门打工归并为打工活动。

对于征地前农户生计活动影响因素，采用二元Logistic回归模型：

$$\ln[p_{y1}/(1-p_{y1})] = \alpha_i + \beta_1 natural_{i1} + \beta_2 physical_{i1} + \beta_3 human_{i1} + \beta_4 financial_{i1} + \beta_5 social_{i1} + \beta_6 area_i + \varepsilon_i$$

对于征地后农户生计活动影响因素，采用二元Logistic回归模型：

$$\ln[p_{y2}/(1-p_{y2})] = \alpha_i + \beta_1 natural_{i2} + \beta_2 physical_{i2} + \beta_3 human_{i2} + \beta_4 financial_{i2} + \beta_5 social_{i2} + \beta_6 area_i + \varepsilon_i$$

若征地前农户从事某项生计活动则 $p_{y1}=1$，否则 $p_{y1}=0$，$natural_{i1}$、$physical_{i1}$、$human_{i1}$、$financial_{i1}$、$social_{i1}$ 分别表示征地前农户的自然资本、物质资本、人力资本、金融资本和社会资本，$area_i$ 为地区虚拟变量。若被征地农户从事某项生计活动则 $p_{y2}=1$，否则 $p_{y2}=0$，$natural_{i2}$、$physical_{i2}$、$financial_{i2}$、$social_{i2}$、$human_{i2}$ 分别表示征地后农户的自然资本、物质资本、人力资本、金融资本和社会资本。

农户调查数据分别详细记录了被征地农户5种生计资本的状况，每种生计资本的调查由多个二级指标组成。为了将众多调查生计资本的指标合并为5个一级指标变量，使用因子分析及其因子综合得分进行计算。因子分析是一种降维的方法，它将多个变量转化为少量互不相关的随机变量，以提取原有变量绝大部分的信息。最后根据各公因子得分与各公因子方差贡献率占各公因子累计方差贡献率的比重求解因子综合得分。生计资本因子得分具有相对意义，可通过因子综合得分确定每个农户5种生计资本大小的排序。从因子综合得分均值看，农户自然资本征地前显著大于征地后，农户物质资本、金融资本征地前显著小于征地后，而社会资本在征地前后没有显著变化。

三 回归结果及其解释

回归变量的方差膨胀因子（VIF）均小于2，不存在显著的多重共线性问题，根据 Nagelkerke 检验，各个模型拟合结果良好。从征地前农户种养经营活动影响因素回归结果看（见表5—1），征地前农户自然资本越多越可能从事种养经营活动，其中，中等和富裕农户这种倾向更为显著；物质资本越多的农户越不可能从事种养经营；总体上看，金融资本越多的农户越不可能从事种养经营，其中中等农户这种倾向最为明显；九江农户相比襄阳农户，尤其是中等和富裕农户，更少从事种养经营。从征地后农户种养经营活动影响因素回归结果看（见表5—2），征地后农户自然资本越多越可能从事种养经营，而且不同贫富状况农户均呈现这一趋势；物质资本越多的农户越不可能从事种养经营，其中贫困和中等农户这种倾向更为显著；社会资本越多的农户越可能从事种养经营，其中中等农户这种倾向最为显著;九江农户相比襄阳农户,尤其是中等农户,被征地后更少从事种养经营。通过征地前后种养经营活动影响因素的比较可以发现,自然资本的拥有是农户种养经营活动的基础,由于种养经营效益的产生必须考虑规模经济,农户是否从事种养经营的决策受到所拥有的自然资本水平影响。贫困农户征地前从事种养经营决策并未显著受到自然资本水平影响,而征地后是否从事种养经营显著受到自然资本多寡的影响,这表明贫困农户的种养经营决策进一步市场化。无论是征地前还是征地后,随着物质资本提高,农户都倾向于离开种养经营,这一方面与农户生活水平提高,生活方式转变有关;另一方面也可能跟征地后住房安置使居住地与农地距离太远有关。征地前金融资本提高是农户离农化的原因,但征地后金融资本提高对农户离农化没有影响,表明征地后种养经营的重要性降低,金融资本的提高不再影响农户的种养经营决策。征地前社会资本提高不是农户离农化的原因,但征地后社会资本提高反而影响中等农户是否从事种养经营的决策,可能的原因是征地后种养经营对中等农户来说仍然是生计的重要组成部分,拥有越多的社会资本越有助于他们获得种养经营信息和渠道。九江农户相比襄阳农户,无论征地前还是征地后更少的从事种养经营,这可能与两地的非农化生计渠道存在差异有关。

表5—1　　　　　征地前农户种养经营活动影响因素模型

	全部农户		贫困农户		中等农户		富裕农户	
	估计系数	Exp(B)	估计系数	Exp(B)	估计系数	Exp(B)	估计系数	Exp(B)
$natural_{i1}$	2.497**	12.152	3.196	24.442	2.529*	12.545	2.819*	16.765
$physical_{i1}$	-0.739*	0.477	-0.421	0.656	-0.317	0.728	-0.870	0.419
$human_{i1}$	-0.293	0.746	-1.007	0.365	0.019	1.019	0.016	1.016
$financial_{i1}$	-0.455**	0.634	0.951	2.587	-0.855**	0.425	-0.167	0.847
$social_{i1}$	-0.363	0.696	-1.947	0.143	0.396	1.487	-0.543	0.581
$area_i$ (1=九江)	-1.852***	0.157	-18.332	0.000	-1.710*	0.181	-1.605*	0.201
Constant	4.876***	131.152	21.713	2.692E+09	4.975***	144.710	4.092***	59.849
Nagelkerke R Square	0.200		0.351		0.165		0.225	

注:*、**和***分别表示10%、5%和1%的显著性水平下显著。

表5—2　　　　　征地后农户种养经营活动影响因素模型

	全部农户		贫困农户		中等农户		富裕农户	
	估计系数	Exp（B）	估计系数	Exp（B）	估计系数	Exp（B）	估计系数	Exp（B）
$natural_{i2}$	2.248 ***	9.471	2.603 ***	13.506	3.082 ***	21.809	1.125 **	3.082
$physical_{i2}$	−0.855 ***	0.425	−1.027 **	0.358	−0.917 ***	0.400	−0.132	0.876
$human_{i2}$	0.031	1.031	−0.018	0.982	0.009	1.009	−0.011	0.989
$financial_{i2}$	−0.071	0.931	0.121	1.128	−0.179	0.836	−0.070	0.932
$social_{i2}$	0.825 ***	2.283	0.871	2.390	1.209 ***	3.352	0.259	1.296
$area_i$（1=九江）	−0.679 ***	0.507	0.023	1.023	−0.990 ***	0.372	−0.714	0.490
Constant	−0.800 ***	0.449	−1.286 ***	0.276	−0.639 ***	0.528	−0.632	0.532
Nagelkerke R Square	0.313		0.273		0.396		0.237	

注：*、**和***分别表示10%、5%和1%的显著性水平下显著。

从征地前农户种养以外经营活动影响因素回归结果看（见表5—3），物质资本越多的农户越可能从事种养以外经营，其中富裕农户的这种倾向最为显著；人力资本越多的富裕农户越可能从事种养以外经营；金融资本越多的农户越可能从事种养以外经营，其中贫困和富裕农户这种倾向更为显著；九江富裕农户相比襄阳富裕农户，从事种养以外经营的可能性较低。从征地后农户种养以外经营活动影响因素回归结果看（见表5—4），自然资本越多的农户越可能从事种养以外经营；人力资本越多的农户越可能从事种养以外经营，其中贫困农户和富裕农户的这种倾向更为显著；金融资本越多的农户越可能从事种养以外经营；社会资本越多的农户越可能从事种养以外经营；九江农户相比襄阳农户，更少从事种养以外经营，其中贫困和中等农户起主要影响。通过征地前后种养以外经营活动影响因素的比较可以发现，征地前自然资本多寡不是农户从事种养以外经营的原因，但征地后自然资本水平正向影响农户种养以外经营，这可能是因为征地后剩余更多自然资本的农户更便于延长其农业经营产后环节，如从事蔬菜、水果等农产品的运销和加工等。征地前物质资本是富裕农户从事种养以外经营活动的原因，但征地后物质资本水平对是否从事种养以外经营活动没有影响，这可能是由于农户从事种养以外经营活动具有较高的经济风险，富裕且物质资本较多的农户抗风险能力较强，从而更倾向于从事这些经营活动，而征地后农户的抗风险能力普遍提高，物质资本存量以及贫富状况不再成为影响他们是否从事种养以外经营决策的原因。征地前人力资本不是农户从事种养以外经营的原因，而征地后富裕农户拥有的人力资本显著影响农户是否从事该项活动，这表明征地后从事种养以外经营活动对人力资本的要求更高。无论征地前还是征地后，金融资本的提高均有助于农户从事种养以外经营活动，这是因为从事种养以外经营相比其他生计活动需要拥有更多的资金和现金流。征地前社会资本不是农户从事种养以外经营的原因，而征地后农户拥有的社会资本水平微弱影响该项活动的选择，这可能是因为从事种养以外经营活动本身要求农户拥有较高的社会资本，而征地后的市场环境对从事种养以外经营活动的农户所拥有的社会资本要求更高。九江农户相比襄阳农户，无论征地前还是征地后都更少地从事种养以外经营活动，这可能与两地的生计渠道存在差异有关。

表5—3　　　　征地前农户种养以外经营活动影响因素模型

	全部农户		贫困农户		中等农户		富裕农户	
	估计系数	Exp（B）	估计系数	Exp（B）	估计系数	Exp（B）	估计系数	Exp（B）
$natural_{i1}$	−0.154	0.858	−0.074	0.928	−0.380	0.684	−0.264	0.768
$physical_{i1}$	0.688***	1.990	0.332	1.394	0.343	1.409	1.187**	3.276
$human_{i1}$	0.288	1.334	−0.041	0.960	−0.085	0.919	1.075**	2.930
$financial_{i1}$	0.471***	1.602	2.221***	9.214	0.338	1.402	0.416**	1.515
$social_{i1}$	0.339	1.404	1.217	3.378	0.337	1.401	−0.027	0.974
$area_i$（1=九江）	−0.262	0.770	0.299	1.349	−0.142	0.868	−0.875*	0.417
Constant	−1.836***	0.160	−2.246***	0.106	−1.882***	0.152	−1.560***	0.210
Nagelkerke R Square	0.126		0.172		0.031		0.268	

注：*、** 和 *** 分别表示在10%、5%和1%的显著性水平下显著。

表5—4　　　　　征地后农户种养以外经营活动影响因素模型

	全部农户		贫困农户		中等农户		富裕农户	
	估计系数	Exp（B）	估计系数	Exp（B）	估计系数	Exp（B）	估计系数	Exp（B）
$natural_{i2}$	0.380 **	1.462	-0.133	0.875	0.267	1.306	0.275	1.317
$physical_{i2}$	0.176	1.193	-0.245	0.782	0.186	1.205	-0.282	0.754
$human_{i2}$	0.600 ***	1.823	0.836 *	2.308	0.402	1.495	0.744 *	2.104
$financial_{i2}$	0.496 ***	1.641	0.695	2.004	0.441	1.554	0.336	1.399
$social_{i2}$	0.404 *	1.498	1.311	3.709	0.288	1.333	0.273	1.315
$area_i$（1=九江）	0.431 *	1.538	0.144	1.155	0.493	1.637	0.523	1.687
Constant	-1.882 ***	0.152	-1.894 ***	0.150	-1.938 ***	0.144	-1.334 ***	0.264
Nagelkerke R Square	0.138		0.114		0.058		0.126	

注：*、** 和 *** 分别表示在10%、5%和1%的显著性水平下显著。

从征地前农户打工活动影响因素回归结果看（见表5—5），自然资本越多的农户越不可能从事打工活动，其中贫困农户和中等农户这种倾向更为明显；人力资本越多的农户越可能从事打工活动，其中贫困农户和中等农户这种倾向尤为明显；九江农户相比襄阳农户，更少从事打工活动。从征地后农户打工活动影响因素回归结果看（见表5—6），人力资本越多的农户越可能从事打工活动，其中贫困农户和中等农户这种倾向更为明显；社会资本越多的农户越不可能从事打工活动；九江农户相比襄阳农户，更少从事打工活动。通过征地前后打工活动影响因素的比较可以发现，征地前自然资本是农户选择是否从事打工活动的重要原因，而征地后自然资本并不显著影响农户是否从事打工活动，这表明征地前基于自然资本的种养活动与打工活动存在明显的替代关系，而征地后剩余自然资本的水平不足以对是否从事打工活动形成替代关系。征地前人力资本是影响贫困和中等农户从事打工活动的重要原因，而征地后人力资本的这种作用与征地前完全一致，这表明人力资本水平的高低，对农户能否获得新的就业，具有重要影响。征地前社会资本不是农户选择是否从事打工活动的原因，而征地后社会资本对是否从事打工活动造成轻微的反向影响，这可能是因为在乡土中国为了维持某种社会关系，反而不利于从事打工这一生计活动,这也表明社会资本并非必然能够促进农户生计发展。九江农户相比襄阳农户,无论征地前还是征地后更少地从事打工活动,这可能与两地的生计渠道存在差异有关。

表5—5　　　　　　　征地前农户打工活动影响因素模型

	全部农户		贫困农户		中等农户		富裕农户	
	估计系数	Exp(B)	估计系数	Exp(B)	估计系数	Exp(B)	估计系数	Exp(B)
$natural_{i1}$	-0.623***	0.536	-0.881*	0.414	-0.862**	0.422	-0.307	0.735
$physical_{i1}$	-0.069	0.934	0.587	1.799	-0.190	0.827	-0.622	0.537
$human_{i1}$	0.791***	2.205	0.626**	1.869	0.812***	2.252	0.573	1.774
$financial_{i1}$	0.081	1.084	1.125	3.080	0.233	1.263	-0.077	0.926
$social_{i1}$	0.211	1.235	-0.358	0.699	0.392	1.479	0.316	1.371
$area_i$ (1=九江)	-1.064***	0.345	-0.864**	0.421	-1.517***	0.219	0.052	1.053
Constant	1.464***	4.324	1.272***	3.566	1.989***	7.307	0.926***	2.525
Nagelkerke R Square	0.164		0.187		0.209		0.083	

注:*、**和***分别表示在10%、5%和1%的显著性水平下显著。

表5—6　　　　　　　征地后农户打工活动影响因素模型

	全部农户		贫困农户		中等农户		富裕农户	
	估计系数	Exp(B)	估计系数	Exp(B)	估计系数	Exp(B)	估计系数	Exp(B)
$natural_{i2}$	0.453	1.574	0.146	1.157	1.430	4.177	0.309	1.362
$physical_{i2}$	0.247	1.280	0.023	1.023	0.526	1.692	0.309	1.363
$human_{i2}$	1.101***	3.008	1.082***	2.952	1.103***	3.014	0.653	1.921
$financial_{i2}$	-0.228	0.796	1.941	6.967	0.593	1.810	-0.255	0.775
$social_{i2}$	-0.475*	0.622	-0.202	0.817	-0.453	0.636	-0.195	0.823
$area_i$ (1=九江)	-1.134***	0.322	-1.042*	0.353	-1.174***	0.309	-0.655	0.519
Constant	2.331***	10.293	3.013***	20.344	2.738***	15.456	1.498***	4.471
Nagelkerke R Square	0.205		0.299		0.240		0.110	

注:*、**和***分别表示在10%、5%和1%的显著性水平下显著。

第二节 生计多样化选择的影响因素分析

一 可持续生计框架在被征地农户生计多样化中的应用

在可持续生计框架中,被征地农户的生计资本与生计策略多样化的总体关系如何?中部地区被征地农户的生计策略多样化呈现怎样的变化特征?对被征地农户来说,生计资本如何影响被征地农户生计策略多样化?本节在表述中同时使用"生计策略多样化"和"生计多样化",两者含义相同。为了深入揭示被征地农户生计策略的实施,这里对被征地农户生计多样化策略进行一般性的理论分析。

首先,生计多样化是获取可持续生计的重要途径。传统上认为农户属于风险规避者,农户生产不以利润最大化为目的,而是将生产和消费结合起来寻求效用最大化。对于风险规避型的农户来说,生计多样化是应对生计风险的一种重要手段,多元化能降低生计脆弱性,保障食物安全,减少饥荒威胁(Ellis, 1998; Block S.、Webb P., 2001)。对于我国现阶段家庭承包经营模式下的小农户来说,单纯依靠农业经营的生计模式是不可持续的,争取多样化的生计渠道,获得多样化的收入来源,是他们获得可持续生计的必然选择。而对于未卷入市场的小农户来说,多样化更是增强其生计安全的重要生计策略。

其次,生计多样化并非是获得可持续生计的唯一途径。农户一定是风险规避者吗?其实并不一定,农户的风险厌恶、劳役规避、利润最大化只是一个程度的问题,同一个农户可以同时具有多种性质(马志雄、丁士军,2013)。生计多样化对小规模农户在防范和处理风险中十分有效,但是这种处理策略是高成本、低效率的,对低收入农村地区具有积极正面效应的生计多样化,对于已经卷入市场的被征地农户来说,实际上可能损害了生计效率,生计策略多样化未必是最佳的决策。征地区域往往不是偏远的山区,而是交通相对便利、土地比较平坦、距离城市中心较近、具有区位优势的城郊地带。失地农户在征地后的生计策略不一定是追求多样化,因为多样化降低了其专业化劳动所获得的更多收益。然而,农户家庭经营的市场交易特征和农业的产业特性决定了农户的专业化生产同样难以抵御风险（罗必良等，2008）。由此可见，农户是在多样化与专业化之间寻找某种可以承受的风险平衡点。对于被征地农户来说，农户赖以发展其多样化生计的自然资本的减少，将使农户寻求更多的非农就业机会，从兼业的模式走向更加彻底的"洗脚上田"。

最后，生计多样化作为一种可行能力，其核心影响因素是生计资本。这种影响具有两层含义：一是，农户只有拥有一定的生计资本，才能获得实施生计多样化的能力；二是，当农户拥有了实施生计多样化的可行能力之后，却不一定要选择多样化。生计多样化不仅是一种能力，更是一种行为，多样化行为受到各种外部环境与决策动机的影响，而多样化能力主要是由禀赋所决定。对于具有理性决策能力的被征地农户来说，农户在自然资本受到外部干预减少后，为了获得可持续生计，必须根据其新的生计资本水平和结构，采取新的生计活动的功能性组合，实现其可以达到的生计多样化策略。

二 模型采用和变量选取

基于生计资本对生计多样化影响研究的需要，本章研究采用广义线性模型（GLM）和广义线性混合模型（GLMM）进行分析。广义线性模型是对经典线性模型的改进，该模型通过非线性函数连接自变量和因变量，即 $E(y) = \mu = g^{-1}(X\beta)$，同时将因变量方差作为自变量的函数，即 $Var(y) = V(\mu) = V[g^{-1}(X\beta)]$。关于广义线性模型的具体内容可参考 Nelder 和 Wedderburn（1972）的文章。广义线性混合模型（GLMM）是基于广义线性模型的扩展，该模型通过引入随机效应和数据分层，较好地解决了数据间的相关、过度离散和异质性等问题，理论上能获得更好的估计和检验结果。

本章采用 SPSS22 软件的 GLM 和 GLMM 模块进行模拟回归，具体模型设置如下：

$$\ln\lambda_{ij} = \gamma_t + \beta_1 period_t + \beta_2 natural_{it} + \beta_3 physical_{it} + \beta_4 human_{it} + \beta_5 finacial_{it} + \beta_6 social_{it} + \beta_7 area_i + \varepsilon_{it} \tag{1}$$

为了反映生计资本对生计多样化存在的非直线影响关系，另一模型设置如下：

$$\ln \lambda_{ij} = \gamma_t + \beta_1 period_t + \beta_2 natural_{it} + \beta_3 natural_{it}^2 + \beta_4 physical_{it} +$$
$$\beta_5 physical_{it}^2 + \beta_6 human_{it} + \beta_7 human_{it}^2 + \beta_8 finacial_{it} +$$
$$\beta_9 finacial_{it}^2 + \beta_{10} social_{it} + \beta_{11} social_{it}^2 + \beta_{12} area_i + \varepsilon_{it} \quad (2)$$

其中，$period_t$ 表示征地前后，$area_i$ 表示居住地区，$natural_{it}$、$physical_{it}$、$human_{it}$、$finacial_{it}$ 和 $social_{it}$ 分别表示某个农户某个时期的自然资本、物质资本、人力资本、金融资本和社会资本。因变量 $\ln \lambda_{ij}$ 是一个计数变量，代表生计多样化种类（$y = 0, 1, 2, \cdots, 6$），如前文所述，农户的主动生计策略更能反映其生计多样化，因此模型因变量的多样化种类具体指的是种植活动、养殖活动、非农经营3种经营性活动，以及本地打工、外地打工、公共部门工作3种工资性活动。农户参与主动生计活动的数量统计以是否参与该项活动为依据，而不考虑从事该项活动的收入为零或亏本的问题。征地后参与0项、1项和5项生计活动的农户数量增多，而参与2项、3项和4项生计活动的农户数量减少。平均看征地前主动生计活动为2.54项，征地后降低为1.56项，如表5—7所示。

表5—7　　　　　　　征地前后农户的主动生计活动变化

数量（项）	0	1	2	3	4	5	6	平均（项）
征地前（%）	0.32	11.45	33.87	43.23	10.32	0.81	0.00	2.54
征地后（%）	8.71	50.16	24.35	11.13	4.03	1.61	0.00	1.56
总计（%）	4.52	30.81	29.11	27.18	7.18	1.21	0.00	2.05

模型（2）在模型（1）的基础上增加了5种生计资本的平方项，以考察生计资本对生计多样化的影响可能存在非线性关系。

三　回归结果及其解释

首先，因变量生计多样化数量可能服从泊松、过离散泊松或负二项分布，通过均值与方差是否相等的分布检验最终确定因变量服从泊松分布。其次，从模型的回归结果看，当被解释变量取对数作为联结函数时，Possion-GLMM 和 Possion-GLM 相比其他联结函数都具有更小的 AIC、BIC

值，因此模型采用对数联结函数。最后，由于本数据调查了征地前后两个时期，农户的生计多样化行为可能具有区域聚集性，因此在广义线性回归的基础上，需要进一步采用广义线性混合模型进行研究。在变量设置中，为了避免多重共线性问题，广义线性模型的区域变量只选择城市这一虚拟变量，而在广义线性混合模型中，则直接将城市、村庄和农户代码作为聚集层次，城市和村庄变量默认为随机变量，其他变量都认为是固定效应变量。

根据拟合优度检验准则，AIC 和 BIC 值越小，表示拟合效果越好，如表5—8所示，Possion-GLMMs 回归模型（3）和（4）总体优于 Possion-GLMs 回归模型（1）和（2）。而在 Possion-GLMMs 中，模型（4）又优于模型（3）。模型（1）、（3）和模型（2）、（4）的区别是后者将5个生计资本变量的平方项纳入了模型。

表5—8　　　　　　　不同模型拟合优度 AIC 和 BIC 准则

	Possion-GLMs		Possion-GLMMs	
	模型（1）	模型（2）	模型（3）	模型（4）
AIC	3577.209	3566.918	1382.367	1360.552
BIC	3618.075	3633.219	1402.800	1380.969

为了检验模型（4）的稳健性，表5—9显示了（1）—（4）共4个模型的回归结果。这里主要以模型（4）为基准，同时兼顾前三个模型的变量显著性情况进行回归结果解释。

总体上看，模型（4）的5个生计资本平方项，除了物质资本平方项不显著外，其他4种生计资本变量的平方项均在0.1水平上显著。物质资本变量的系数为负值，表明随着物质资本的增加，农户减少其生计多样化。首先看自然资本与生计多样化的关系，根据二次函数的图形，自然资本与农户生计多样化存在倒U形关系，在其他条件不变情况下，自然资本的增加首先使农户增加生计多样化，但到了某个点（$x = 2.86$）之后自然资本的增加反而降低了农户生计多样化。同样，人力资本、金融资本和社会资本均与农户生计多样化存在这种倒U形关系，三者的临界点分别是 $x=1.44$、$x=2.11$、$x=1.10$。综合比较4个临界点，可以发现生计多样化由增加转为降低的临界点先后顺序为社会资本、人力资本、金融资本、自然资本。虽然区域变量对生计多样化影响在模型（1）、模型（2）显著，但在模型（3）、模型（4）并不显著，主要原因在于广义线性混合模型中将城市、村庄和农户代码作为3个聚集层次，回归结果意味着农户生计多样化更多是由不同村庄而非不同城市所致，这种结果更为可信。从时间虚拟变量看，假设其他条件不变则征地前农户的生计多样化水平更高。

生计多样化不仅仅是一种行为，更是一种能力。陈传波（2007）讨论了多样化收入来源与总收入水平（贫富状况）之间的倒U形关系，徐雪高（2011）分析了农户的种植品种多样化策略与财富水平之间的倒U形关系，而此处主要研究生计多样化与生计资本之间的倒U形关系，从研究对象来看还是有所区别的，生计策略多样化更接近于收入来源多样化，但测量上以参与该生计活动与否而非收入情况为依据。陈传波（2007）基于风险和收益对倒U形关系的解释是，贫困农户和富裕农户分别专业于低收益和高收益活动，经济状况一般的农户则采取生计多样化（陈传波，2007）。本章从生计资本角度衡量农户贫富状况，支持了陈传波（2007）的推论，同时相比徐雪高（2011）的研究，又将多样化的研究从农业内部的品种多样化拓展到了整个家庭层面的生计多样化。

表5—9　　　　　生计资本对生计多样化影响的模型回归结果

	Possion-GLM				Possion-GLMM			
	（1）		（2）		（3）		（4）	
	系数	标准误	系数	标准误	系数	标准误	系数	标准误
截距	0.551***	0.037	0.576***	0.041	0.558**	0.248	0.582**	0.245
自然资本	0.131***	0.033	0.260***	0.060	0.135***	0.019	0.252***	0.252
自然资本平方	—	—	-0.049***	0.018	—	—	-0.044***	0.010
物质资本	-0.065	0.043	-0.083*	0.044	-0.079***	0.024	-0.097***	0.024

续表

	Possion-GLM				Possion-GLMM			
	（1）		（2）		（3）		（4）	
	系数	标准误	系数	标准误	系数	标准误	系数	标准误
物质资本平方	—		0.039	0.053	—		0.009	0.030
人力资本	0.146***	0.031	0.122***	0.033	0.100***	0.017	0.078***	0.018
人力资本平方	—		-0.034	0.031	—		-0.027*	0.017
金融资本	0.025	0.027	0.128**	0.050	0.034**	0.015	0.156***	0.028
金融资本平方	—		-0.031**	0.013	—		-0.037***	0.008
社会资本	0.120***	0.047	0.191***	0.072	0.077***	0.026	0.125***	0.039
社会资本平方	—		-0.076	0.051	—		-0.057**	0.028
城市（1=九江）	-0.278***	0.043	-0.232***	0.045	-0.262	0.347	-0.221	0.342
时间（1=征地前）	0.488***	0.041	0.487***	0.041	0.494***	0.025	0.500***	0.024

注：***、**和*分别表示在1%、5%和10%显著性水平下显著。

第三节　结语

本章从可持续生计分析框架出发，研究了被征地农户生计多样化问题。本章以定性和定量相结合的方法系统分析了调查地区被征地农户生计多样化的作用和特征，并利用计量经济模型考察和验证了生计资本对被征地农户家庭层面生计策略多样化的影响机制。针对调查地区被征地农户的具体分析结论如下：

（1）征地后从事种养经营的农户大幅减少，被征地农户是否从事种养经营活动明显受到征地后剩余自然资本存量的正面影响,自然资本剩余量实质阻碍了农户的专业化分工,无助于贫困农户和中等农户收入的提高。

(2) 对于贫困农户来说,人力资本提高有助于推动他们从事种养以外经营活动。对所有农户来说,征地后农户从事种养以外经营活动明显受到自然资本、金融资本、人力资本和社会资本的正面影响。

(3) 人力资本水平的高低,对贫困农户和中等农户能否被雇用,从而对获得增收具有重要影响。征地后贫困农户和中等农户是否从事打工活动,明显受到人力资本影响。实质上,在征地前贫困农户和中等农户是否从事打工活动也明显受到他们自身人力资本水平的影响。征地后由于自然资本大幅减少,剩余自然资本的水平与是否从事打工活动的关系发生了根本性变化,即从征地前两者的替代关系,变为征地后两者不存在替代关系。

(4) 被征地农户生计多样化策略与收入水平、兼业程度和劳动力流动具有显著的关联。征地使农户的种植和养殖收入比重大幅下降,而非农经营、本地打工和外地打工的收入比重明显提高;征地引起纯农户和兼业农户大幅减少,而非农就业和无就业的名义农户均明显增多;征地后农户在农业经营领域大幅减少劳动力,而增加非农活动的劳动力,劳动力流动的突出特征表现为集中在本地非农流动。

(5) 被征地农户实施生计多样化的能力依赖于一定的生计资本,生计资本的提高扩展了农户实施生计多样化的能力。从生计资本与生计多样化的倒 U 形关系看,在生计资本达到临界点之前,更多的生计资本意味着有能力实施更高水平的生计多样化;在生计资本临界点之后,农户降低生计多样化并非由于他们实施多样化的能力下降,而是因为更偏好于选择其他生计策略。

(6) 生计多样化策略是被征地农户获取可持续生计的重要途径,但当生计资本超过某个临界点后农户不再将生计多样化作为其最优的选择。在 5 种生计资本中,除物质资本外,自然资本、人力资本、金融资本和社会资本均与农户生计多样化存在倒 U 形关系,生计资本超过某个临界点之后,反而降低了农户实施生计多样化的积极性,这表明被征地农户在重建生计的过程中,并非把生计多样化作为其唯一的出路,而是在收益和风险的权衡下选择某种程度的专业化。这也同时解释了在征地后农户的物质资本和金融资本均值增加的情况下,为何农户的生计多样化水平反而下降。

第六章

被征地劳动力流动策略影响因素分析

第一节 劳动力流动影响因素的相关研究[①]

农村劳动力就业包括不同经济部门的就业和不同区域的就业，农村劳动力由农业部门流向非农业部门，由本地流向外地，在当今中国具有重要的现实意义（蔡昉，2007）。在二元经济模型中，农村劳动力非农就业流动是解决农村剩余劳动力的重要方式，劳动力由传统农业部门流向生产效率更高的非农业部门，有助于优化劳动力资源配置，增加农民收入（Lewis，1954）。农村劳动力外地就业不仅有助于增加劳动力获取稳定非农生计的机会，而且作为农村人口迁移的重要途径，最终带动家庭举家迁移（国务院发展研究中心课题组，2011）。农村劳动力外地就业是实现农民市民化的重要基础，它作为逐步实现中国城市化的独特方式，将促使农村劳动力最终融入城市生活，实现人的城市化（白南生，2003；魏后凯、苏红键，2013）。

已有研究从多个角度考察了农村劳动力就业的影响因素。总体上表明，影响农村劳动力就业的因素主要包括个人特征因素、家庭特征因素、输出地特征、输入地特征、迁移成本、制度因素（胡枫，2007）。政策和

[①] 本节主要从所有劳动力而非局限于被征地劳动力的角度，阐述影响其流动的影响因素，因此该部分内容不太适合安排在第一章的研究动态部分，此处的理论梳理也为被征地劳动力流动影响因素的研究提供了思路和方法借鉴。

体制是影响农村劳动力就业的重要因素（宋洪远等，2002），国家的经济发展策略和经济体制选择，外地生决定农民就业空间的容量（周其仁，1997）。从区域层面看，农村工业化对农村劳动力就业具有促进作用（游和远、吴次芳，2010），同时经济发展水平不同的地区，劳动力外流也存在差异（史清华等，2005），村庄社会网络对家庭劳动力就业具有促进效应，农村劳动力就业存在显著的同群效应（潘静、陈广汉，2014；王春超，2005）。除了宏观层面因素，劳动力就业的影响因素还包括个人特征、家庭特征等经济和非经济因素（Zhao，1999）。

在个体特征方面，研究表明男性、非农业户口和身体健康的农民外出就业的意愿更强，户主或家庭主要经营者、拥有专业技术职称、受过农业技术教育或培训的农民更不愿意外出务工（程名望、史清华，2010）；乡村干部户从事非农产业的倾向性更强，但国家干部职工户、党员户对非农就业的影响并不显著（程名望、潘烜，2012）。劳动力市场歧视理论的创始人加里·贝克尔（1957）认为在劳动力的生产率特征完全相同的情况下，只是由于身份（例如，性别、种族、年龄或身体残疾等）不同而在劳动力市场上受到不同的待遇，这种现象就是歧视。人力资本理论解释男女在职业和收入方面的差异时，认为男性和女性在生活方式上是不同的，由于妇女在家庭中的特殊作用（如生育等），使得她们在劳动市场上的就业和人力投资上呈阶段性，而男性则是持续的人力投资。这导致了在劳动市场上雇主会更加愿意选择男性劳动者，因为男性的人力投资量更高。受教育程度反映劳动者的人力资本存量，并在一定程度上反映个人能力，它通过提高就业的概率对就业率产生正向影响（Mahoney，1961；Eckstein、Wolpin，1989）。文化程度高的人通常在获取信息和处理信息方面比较具有优势（赵耀辉，1997），在家庭内部具有较强的决策能力，相应受到较少的歧视（徐安琪，1998）。而文化程度偏低，缺乏专业技能、市场意识和经营管理知识缺乏将直接影响到他们在劳动力市场实现就业和创业（李军峰，2002）。此外，年龄对女性就业也有影响。女性劳动力在生命周期内的劳动供给曲线呈"M形"，在年轻和中年以后分别出现两个峰值，这种现象被称为女性"M形"就业或者"双头"就业（李爱莲，2008）。年纪较轻、文化程度较高且受过技能培训、健康状况良好的农村女性从事非农产业工作的可能性较大（周春芳，2008）。以加里·贝克尔（1981）为代表的新古典经济学认为，男女劳动力由于生理上的差异，使得妇女具有从事以养育子女为主的家务劳动方面的"比较有利条件"，而男人则具有从事户外劳动的"比较有利条件"。这样，"男主外、女主内"就成为一种最佳的男女分工模式。男女两性角色的一个至关重要的区别是，女性事实上承担了生育并抚养照顾后代、管理家庭的主要责任。由于男女两性在此阶段的经历不同，造成对男女两性生命历程显著不同的影响。李实（2001）发现农村男女劳动力在家庭内部分工存在明显性别差异。在大多数家庭中，女主人不论是否从事全职工作，总要承担大部分的家务劳动（杨菊华，2006）。谭深（1997）认为成家后的责任感鼓励了男性的外出，却限制了女性外出获得就业的机会，从而造成劳动力市场上的性别差异。同时由于特殊的生理因素，经常被生育、抚养孩子打断工作，导致女性劳动力供给与男性存在差异。平均每个妇女要在每个子女身上损失 2 年的工作经历（蔡昉，2001）。因此女性比男性更容易成为非正规就业者（谭琳、李军锋，2003；刘晓昀等，2003）。市场分工带来的分化导致了女性在劳动力市场的进一步边缘化（金一虹，2000），对于女性而言面临着性别和身份地位的双重歧视。Meng（1998）的研究指出，性别歧视在农村乡（镇）企业中比较严重，而且引起性别工资差距。行业、职业和职位间的性别隔离会影响男女劳动者的收入并产生差异，直接而明显地造成男女收入的差异（谭琳，2003）。劳动力市场上对女性各种各样的歧视实际上压低了女性劳动力从事外部经济活动的"比较有利条件"。在这种情况下，被征地女性在寻找就业岗位和获取劳动报酬方面都会处于不利的地位，于是往往会以退回家务劳动来逃避她们所面临的种种歧视。

在家庭生计资本方面，有研究表明收入较低、受教育水平较高的家庭，劳动力外出打工率较高（潘静、陈广汉，2014），也有研究表明家庭年收入对非农就业影响并不显著（辛岭、蒋和平，2009）。在家庭非经济因素方面，程名望、史清华（2010）的研究表明，核心家庭、直系家庭、扩展家庭、不完全家庭等不同类型家庭对农民外出务工没有显著影响，但程名望、潘烜（2012）的另一研究同时表明这些家庭类型对非农就业倾向有显著影响，核心家庭从事农村非农就业的倾向性最弱，直系家庭次之，扩展家庭再次之，不完全家庭从事农村非农就业的倾向性最强。有的研究也关注家庭代际关系和亲属关系等非经济因素，有研究表明，有小孩但没有老年人的家庭较少从事外地打工活动（李树茁，2010），子女数量显著影响迁移决策（兰巧珍，2016）。性别与婚姻问题对劳动力流动的影响也受到广泛关注。家务劳动、子女抚养与教育、照顾年迈的父母是影响已婚女性劳动力市场参与率较低的重要原因（周春芳，2013）。在家庭生计系统中，家庭劳动力通过一定的组合，以实现家庭整体效用的最大化（马志雄、丁士军，2013），社会习俗、公共政策以及传统的婚嫁制度也决定了妇女承担更多的家庭照料责任（刘岚等，2010）。家务劳动对已婚女性非农就业的影响，56.1%的职业女性感觉家务劳动非常繁重（朱嘉蔚，2011）。家庭中孩子的数量和年龄对女性就业产生较大的影响（Angris，1998；张川川，2011）。学龄前儿童的出现是女性就业率下降的重要原因（Cristia，2006；王姮等，2010），且在本地非农就业的可能性大于外出就业（杜凤莲，2008）。与丧失能力的父母居住将显著地减少女性的工作小时数（Kolodinsky J.、S. Lee，2000）；与无照料责任的女性相比，与父母（公婆）同住、有照料责任的女性劳动参与率将下降0.215%，高强度照料活动使女性劳动参与率下降0.695%（黄枫，2012）。如果老人身体状况尚好，则可能帮助照顾小孩而对小孩母亲的就业有所帮助（赵耀辉，1997）。沈可等（2012）的研究表明多代同堂的家庭结构明显改善了女性的劳动参与率和工作时间，但没有显著改善男性的劳动参与率。原因在于多代同堂家庭中健康的老年父母尽力协助女儿料理家务，有助于她们投入更多的工作时间。Ogawa、Ermisch（1996），Kolodinsky、Shirey（2000）的研究同样发现与父母或配偶父母同住显著增加了女性就业的可能性。与未婚女性相比（在其他条件相同的情况下），已婚女性在家庭事务中投入相对较多，因而可能更难获得就业机会，或者选择时间灵活的非正规就业；同时由于传统家庭分工观念的延续以及男女收入差距的扩大，已婚女性的就业压力和就业愿望可能比未婚女性更低。在英国，没有孩子的女性与有孩子的女性收入差距为12%（Waldfogel，1997），且有逐年扩大的趋势。此外，单身女性（包括离异或丧偶）的就业行为倾向与单身未婚女性和已婚女性也有所不同。

不少研究也将家庭非经济因素看作个体特征与就业决策关系的调节因素，这方面的讨论集中在婚姻家庭问题的研究上（Blau、Robins，1998；Ribar，1992），基于国内样本表明，多生子女会降低农村妇女非农就业的参与率（魏宁、苏群，2013）。而有的研究则表明，多代同堂的家庭代际结构明显改善女性的劳动参与率和工作时间，但没有显著改善男性的劳动参与率（沈可等，2012）。个人特征与就业决策也受到家庭所处生命周期的调节，林善浪、王健（2010）的研究表明，年轻夫妇家庭劳动力外出务工的概率较高，成长中的核心家庭随着户主的年龄逐步增大，家庭劳动力外出务工的概率在减少，成熟的核心家庭，家庭劳动力外出务工的概率又增大，而扩大家庭正好处于两者之间。家庭结构是对处于不同生命周期家庭类型的混合认识和"静态"考察（王跃生，2011），国外的研究也表明，家庭生命周期对劳动力供给决策具有中度重要性（Ham、Reilly，2002）。

总体上看，已有研究从多个层面探讨了劳动力就业决策的影响因素，其中对家庭层面的影响因素也比较关注。对家庭因素的考察主要从生计资本因素和非经济因素两方面展开。一些研究虽然基于婚姻关系、代际关系和亲属关系对家庭非经济因素的调节作用进行分析，但这些分析仍然比较简略，没能给出家庭类型划分的基本方法。程名望等（2012）学者虽然考察了家庭结构对就业决策的影响，但他们将家庭结构作为解释变量直接纳入模型，并未考虑家庭结构的调节作用，而且对家庭结构类型的划分也仅从第一层次进行分类。而已有从家庭生命周期视角所做的研究，也具有明显的局限，已有方法仅能对具有简单成员结构的家庭进行生命周期刻画。已有研究广泛使用农业部农村固定观察点、中国家庭追踪调查、中国健康与营养调查等公开数据，以及其他特定目的的调查数据，为劳动力就业决策影响因素理论积累了丰富的文献。但针对被征地劳动力就业决策的研究，所考察的影响因素集中在个体层面，在家庭层面存在着"研究缺口"。现实中被征地家庭劳动力的就业问题是一个亟待解决的社会难题，从家庭层面以及家庭结构、婚姻角度深入探讨十分必要。

第二节 基于家庭结构的劳动力就业影响因素分析

一 家庭结构对劳动力就业决策的调节机制

被征地家庭劳动力就业问题与其家庭状况无疑具有密切关系，已有研究多从各种生计资本角度刻画家庭特征及其与就业的关系。家庭中除了生计资本，还有哪些非经济因素可能影响被征地劳动力的就业决策？当我们将中国家庭与西方家庭相比的时候会发现，中西方的家庭除了生计资本的比较，还可以从家庭观念形态上进行比较。但经济学者却往往不重视从生计资本以外的角度进行家庭的比较思考。除了对家庭"有形"的生计资本状况进行考察，家庭"无形禀赋"①的考察，也仅集中在家庭外部的社会资本方面。关于家庭内部可能影响劳动力决策的代际关系、亲属关系、家庭伦理等因素，从概念界定到技术度量上都面临着困难，对这部分"无形禀赋"的研究比较滞后，基于"无形禀赋"的家庭因素来提高公共政策效率更是空中楼阁。其实，关注中国问题的社会学研究者普遍认为中国乡土社会历来具有"家本位"的"社会底蕴"，个人的行为决策体现了家庭社会伦理规范的影响（杨善华、孙飞宇，2015）。而在众多的家庭"无形禀赋"中，家庭结构是已被提炼出来的概念，一些研究也已经提出，农村公共政策在制定和实践中，需要通过家庭结构角度考察政策对不同农户的影响作用（李树茁等，2010）。

一般认为，家庭具有生产功能、消费功能、人口再生产功能、养育子女和赡养老人的功能、满足家庭成员生理和心理需要的功能（唐灿，2005），不同家庭结构意味着可能存在家庭功能的差异。从结构功能论的角度来说，功能与结构是密切相关的，家庭功能的有效发挥，必须维护家庭结构的相对完整和相对稳定（潘允康，2010）。而家庭功能的发挥又

---

① 为避免与无形的社会资本相混淆，这里采用"无形禀赋"这一表述，无形禀赋在家庭中是无形的非经济因素，但又很难称为非资本因素，因此很难找到一个具有综合性的确切表达方式。

跟家庭各种决策行为存在密切关系，因此不同家庭结构也意味着存在家庭行为决策的差异。家庭结构会影响农户的生产、消费及储蓄行为（董志勇，2011），家庭结构影响农户不同的生计策略（李树茁等，2010）。

但从行为主义学派的角度看，农村家庭劳动力就业情况是成员个体决策的结果，该方法强调劳动力就业是个体的决策行为，通过研究劳动力就业的微观机制来解释劳动力就业的宏观模式。行为主义研究方法是对结构主义研究方法和新古典主义研究方法的综合（程名望、史清华，2010），本章研究将采用行为主义研究方法。本章研究强调家庭结构对劳动力可能造成的影响并非要否定个体决策机制；相反，家庭结构通过调节个体的决策约束条件，来对劳动力就业产生影响。家庭作为一个决策系统，劳动力不同就业是不同家庭成员分工合作的方式，为了获得稳定的家庭收入，农户要对户内的劳动力资源进行配置，具有就业比较优势的劳动力将选择户外劳动，而具有另一比较优势的劳动力将更多时间配置于家务劳动。农户家庭成员之间存在着隐性合约关系，从事不同活动的家庭成员所获得的收入，要进行分享，以使家庭收益最大化。在劳动力配置的过程中，家庭结构是重要的，家庭结构调节着家庭对某种劳动力配置方式的偏好，而这种偏好又隐含着对家庭相关功能的追求。当农村劳动力流动就业演变为劳动力迁移，这部分迁移劳动力很可能不再与原生家庭共享其开支和收入，劳动力迁移导致了家庭结构的变迁。总而言之，家庭结构受到宏观的社会、经济、政治、文化制度以及微观情感、财富等的影响，家庭结构变迁是多方面因素影响的结果，家庭结构蕴含着关于劳动力决策的丰富信息，家庭结构所具有的丰富内涵将最终对个体决策行为产生影响，而这种影响机制，主要是通过调节个体决策约束条件来发生作用。

直系家庭和核心家庭是调查点主要的家庭结构，其中二代标准直系和二代缺损直系是主要的直系家庭类型，标准核心和夫妻核心是主要的核心家庭类型。主要的家庭结构类型数量从高到低依次为二代标准直系、标准核心、二代缺损直系、夫妻核心。扩大核心和残缺家庭未见于本调查样本中，如表6—1所示。虽然劳动力外出流动是一种普遍现象，但隔代家庭所占比例极小，这是因为外出劳动力并没有从这个家庭中分离出去。近年来农村直系家庭的比例有所上升，而核心家庭的比例有所下降，出现了逆小型化的特征（王跃生，2013），本次调查直系家庭的较高比例也表明了农村家庭结构小型化趋势并不明朗。

表6—1　　　　　　　　　　被征地农户家庭结构情况

一级分类	二级分类	家庭比例（%）	人口比例（%）	劳动力比例（%）
核心家庭	夫妻核心	13.87	6.43	5.52
	标准核心	27.10	22.63	25.75
	缺损核心	0.48	0.26	0.31
	隔代核心	1.77	1.65	1.19
	扩大核心	0.00	0.00	0.00
直系家庭	二代标准直系	34.19	43.46	43.60
	二代缺损直系	14.35	14.70	13.62
	三代及以上直系	4.35	6.99	6.24
	隔代直系	0.81	0.90	0.88
复合家庭	二代复合	1.29	2.06	2.22
	三代及以上复合	0.32	0.60	0.62
单人家庭		1.45	0.34	0.05
残缺家庭		0.00	0.00	0.00
其他		0.00	0.00	0.00

不同家庭类型不仅劳动力占家庭人口比重存在差异，而且这些劳动力所从事的活动也存在差异。从劳动力从事生计活动的情况看，从事生计活动的类型可分为本地务农、本地非农就业、外地就业和家务活动，其中前三种是可以挣得收入的生计活动。由于样本数原因，这里重点考察劳动力人数较多的家庭类型：夫妻核心家庭、标准核心家庭、二代标准直系家庭、二代缺损直系家庭、三代及以上直系家庭。按从事的生计活动比重高低，夫妻核心家庭和二代缺损直系家庭均依次为本地非农就业、做家务、本地务农、外地就业；标准核心家庭依次为本地非农就业、外地就业、做家务、本地务农；二代标准直系家庭和三代及以上直系家庭依次均为本地非农就业、做家务、外地就业、本地务农，如表6—2所示。从中可以发现，在不同家庭类型中，本地非农就业均排在第一位，其他活动的劳动力配置存在差异，劳动力可能根据家庭结构从事不同的

生计活动。

表6—2　　　　不同家庭类型的劳动力主要从事活动状况

家庭类型	本地务农（%）	本地非农就业（%）	县级以外就业（%）	做家务（%）	求学（%）	其他（%）	劳动力（人）	劳动力占家庭人口（%）
夫妻核心	20.56	42.06	2.80	21.50	0.00	13.08	107	62.21
标准核心	4.01	54.71	12.63	11.22	9.02	8.42	499	82.48
缺损核心	0.00	50.00	16.67	0.00	0.00	33.33	6	85.71
隔代核心	0.00	30.43	8.70	39.13	13.04	8.70	23	52.27
二代标准直系	5.44	48.52	12.54	19.41	2.96	11.12	845	72.72
二代缺损直系	7.95	48.86	7.20	13.26	10.98	11.74	264	67.18
三代及以上直系	5.79	54.55	9.09	16.53	0.83	13.22	121	64.71
隔代直系	23.53	23.53	23.53	5.88	0.00	23.53	17	70.83
二代复合	9.30	60.47	11.63	18.60	0.00	0.00	43	78.18
三代及以上复合	0.00	41.67	16.67	41.67	0.00	0.00	12	75.00
单人家庭	0.00	0.00	0.00	100.00	0.00	0.00	1	11.11
总计	6.40	49.95	11.15	16.62	5.31	10.58	1938	72.48

注：劳动力可能同时从事多种活动，这里按最主要的活动计算；其他指选择闲暇或因从事多种活动而无从选择。

在代际结构中，老年人口抚养比和少年儿童抚养比是两个常用的考察指标。通过分家庭类型汇总如表6—3所示，三代及以上直系家庭和二代标准直系家庭的少儿抚养比最高，这主要是由学前儿童数量较多造成的；夫妻核心家庭的老年抚养比较高，这主要是由于这类家庭既包括年轻夫妇，也包括相当一部分独自生活的老年夫妻；二代缺损直系和三代及以上直系家庭的老年抚养比也较高，这是由多代同堂家庭中老人数量较多造成的。根据《中国统计年鉴2015》，2014年全国的少儿抚养比（0—14岁）、老年抚养比（65岁以上）和总抚养比分别为22.5%、13.7%和36.2%，本书所调查的抚养比与之非常接近。尽管如此，不同家庭类型的抚养比存在明显差异，其中夫妻核心家庭和三代及以上家庭具有较高的抚养比，其次为二代缺损直系家庭。

表6—3　　　　　　　　　主要家庭类型的抚养比

家庭类型	少儿抚养比（0—14岁）（%）	其中 学前儿童抚养比（0—6岁）（%）	其中 学龄少儿抚养比（7—15岁）（%）	老年抚养比（65岁以上）（%）	总抚养比（%）
夫妻核心	0.00	0.00	0.00	55.14	55.14
标准核心	19.84	6.21	13.63	1.40	21.24
二代标准直系	28.17	18.22	9.94	7.93	36.09
二代缺损直系	24.62	10.23	14.39	23.11	47.73
三代及以上直系	28.93	20.66	8.26	23.97	52.89
所有样本家庭	24.20	13.11	11.09	12.44	36.64
全国	22.50	—	—	13.70	36.20

注：此次调查中，其他各种家庭类型的样本偏少，为了避免以偏概全的错误，这里不再将其列出比较。

二　模型采用与变量选取

本章研究对被征地家庭劳动力就业决策影响因素模型的构建，将分别从是否就业、是否本地务农、是否本地非农就业、是否外出就业4个方面进行考察。基于劳动力就业变量的特征，本书将采用Logistic回归模型。根据前文对家庭结构的理论分析，并参考已有研究相关变量的选取，在总体样本回归中，Logistic回归模型设置如下：

$$\ln[p_y/(1-p_y)] = \alpha_i + \beta_1 familytype_i + \beta_2 nurture_i + \beta_3 labor_i + \beta_4 asset_i + \beta_5 individual_i + \beta_6 peer_i + \varepsilon_i$$

家庭结构除了作为劳动力就业决策的影响因素，还可作为通过影响其他解释变量而最终影响被解释变量的调节因素，以发现不同家庭类型样本的影响因素差异。不同家庭类型样本的 Logistic 模型设置如下：

$$\ln[p_y/(1-p_y)] = \alpha_i + \beta_1 nurture_i + \beta_2 labor_i + \beta_3 asset_i + \beta_4 individual_i + \beta_5 peer_i + \varepsilon_i$$

以上基本模型中，因变量包括是否就业、是否本地务农、是否本地非农就业、是否外出就业 4 个虚拟变量。$familytype_i$ 表示家庭结构变量，$nurture_i$ 表示抚养和赡养变量，具体包括家庭中学龄前儿童数量、学龄少儿数量、老年人数量；$labor_i$ 表示家庭劳动力配置变量，具体包括家庭其他劳动力本地务农数量、本地非农就业数量、外地就业数量、做家务数量；$asset_i$ 表示家庭生计资本变量，具体包括自然资本、物质资本、金融资本、社会资本，按照 DFID 可持续生计框架，应包括人力资本，但个体人力资本已通过 $labor_i$ 变量和 $individual_i$ 变量进行刻画，此处不再将家庭人力资本变量纳入模型；$individual_i$ 表示个体特征变量，具体包括性别、年龄（由于个体就业存在生命周期，模型中增加年龄平方项）、是否户主、有无配偶（无配偶包括未婚、离异和丧偶）、受教育年限、有无职业培训、健康状况等；$peer_i$ 表示村级劳动力变量，主要从村庄层面考察同群效应，具体变量包括劳动力就业比、本地务农比、本地非农比、外地就业比。各解释变量基本情况如表 6—4 所示。

表 6—4　　　　　　　各解释变量基本情况说明

因素	变量	含义	类型	均值
家庭抚养和赡养	学龄前儿童（人）	≥0 人	定距	0.488
	学龄少儿（人）	≥0 人	定距	0.345
	老年人口（人）	≥0 人	定距	0.271
家庭劳动力配置	其他劳动力本地务农（人）	≥0 人	定距	0.210
	其他劳动力本地非农（人）	≥0 人	定距	1.299
	其他劳动力外地就业（人）	≥0 人	定距	0.333
	其他劳动力做家务（人）	≥0 人	定距	0.433
家庭生计资本	自然资本	综合指标只具相对意义	定序	0.033
	物质资本	综合指标只具相对意义	定序	0.041
	金融资本	综合指标只具相对意义	定序	0.074
	社会资本	综合指标只具相对意义	定序	0.028

续表

因素	变量	含义	类型	均值
个体特征	性别	1=男，0=女	定类	0.500
	年龄（岁）	≥0岁	定距	40.057
	年龄平方项	年龄平方	定距	1804.226
	是否户主	1=是，0=否	定类	0.266
	有无配偶	1=有，0=无	定类	0.813
	受教育年限（年）	≥0年	定距	8.219
	是否参加过职业培训	1=是，0=否	定类	0.105
	健康状况	1=非常差，2=比较差，3=一般，4=比较好，5=非常好	定序	3.809
村级劳动力	劳动力就业比	本村就业劳动力除以本村劳动力	定距	0.675
	本地务农比	本村本地务农劳动力除以本村劳动力	定距	0.083
	本地非农比	本村本地非农劳动力除以本村劳动力	定距	0.481
	外地就业比	本村外地就业劳动力除以本村劳动力	定距	0.111

三 回归结果及其解释

（一）家庭结构对劳动力就业决策的影响

是否就业、是否本地务农、是否本地非农就业、是否外地就业4个总体样本回归模型中，在增加了家庭结构变量之后，Cox、Snell 和 Nagelkerke R 平方均有明显提高，如在是否就业回归模型中，R 平方分别从 0.232 和 0.324 增加到 0.250 和 0.349。总体表明，家庭结构变量是被征地家庭劳动力就业决策的重要影响因素。各个模型的回归变量方差膨胀因子（VIF）均不超过3，不存在显著的多重共线性问题。如表6—5所示第一个模型的被解释变量由本地务农、本地非农就业和外地就业合并而来，以考察劳动力是否就业的影响因素。以夫妻核心家庭作为参照组，其他家庭类型对劳动力是否就业的决策均与夫妻核心家庭存在显著差异。通过比较优势比可以看出，三代及以上直系家庭与夫妻核心家庭劳动力是否就业的差异性最大。第二个模型中，标准核心家庭、二代标准直系

第六章 被征地劳动力流动策略影响因素分析

表6—5 劳动力就业决策影响因素回归结果

家庭类型	是否就业 B	是否就业 Sig.	是否就业 Exp(B)	本地务农 B	本地务农 Sig.	本地务农 Exp(B)	本地非农 B	本地非农 Sig.	本地非农 Exp(B)	外地就业 B	外地就业 Sig.	外地就业 Exp(B)
标准核心家庭	-1.051	0.001	0.350	-0.881	0.038	0.414	-0.137	0.632	0.872	—	—	—
二代标准直系家庭	-1.858	0.000	0.156	-1.343	0.005	0.261	-0.835	0.006	0.434	0.326	0.321	1.385
二代缺损直系家庭	-1.511	0.000	0.221	-0.375	0.425	0.687	-0.446	0.150	0.640	0.599	0.059	1.820
三代及以上直系家庭	-2.550	0.000	0.078	—	—	—	-1.153	0.005	0.316	—	—	—
其他家庭	-2.051	0.000	0.129	-1.613	0.014	0.199	-1.193	0.004	0.303	0.536	0.160	1.709
学龄前儿童	-0.268	0.017	0.765	0.115	0.593	1.122	-0.213	0.043	0.808	-0.270	0.121	0.763
学龄少儿	0.155	0.174	1.167	0.073	0.755	1.076	0.128	0.221	1.137	-0.250	0.180	0.779
老年人口	0.543	0.000	1.721	0.468	0.060	1.597	0.342	0.006	1.407	-0.180	0.311	0.835
其他劳动力本地务农	1.320	0.000	3.744	2.044	0.000	7.718	0.294	0.012	1.342	0.180	0.275	1.198
其他劳动力本地非农	0.640	0.000	1.897	0.217	0.107	1.243	0.555	0.000	1.741	-0.124	0.246	0.883
其他劳动力外地就业	0.525	0.000	1.691	0.282	0.120	1.326	-0.120	0.212	0.887	0.777	0.000	2.174
其他劳动力做家务	0.943	0.000	2.567	0.099	0.683	1.104	0.635	0.000	1.888	0.328	0.029	1.388
自然资本	0.010	0.933	1.010	0.400	0.010	1.492	-0.072	0.471	0.930	-0.051	0.744	0.950
物质资本	-0.130	0.297	0.878	-0.256	0.247	0.774	0.041	0.722	1.042	-0.261	0.204	0.771
金融资本	0.108	0.282	1.113	-0.176	0.366	0.839	0.040	0.624	1.041	0.214	0.044	1.239
社会资本	-0.196	0.167	0.822	0.289	0.227	1.334	-0.177	0.170	0.837	-0.268	0.254	0.765

· 99 ·

续表

家庭类型	是否就业 B	是否就业 Sig.	是否就业 Exp(B)	本地务农 B	本地务农 Sig.	本地务农 Exp(B)	本地非农 B	本地非农 Sig.	本地非农 Exp(B)	外地就业 B	外地就业 Sig.	外地就业 Exp(B)
性别	0.811	0.000	2.251	-0.805	0.017	0.447	0.562	0.000	1.755	0.502	0.009	1.652
年龄	0.363	0.000	1.438	0.352	0.000	1.422	0.315	0.000	1.370	0.287	0.000	1.333
年龄平方项	-0.004	0.000	0.996	-0.003	0.007	0.997	-0.004	0.001	0.996	-0.005	0.000	0.995
是否户主	0.626	0.001	1.869	0.450	0.195	1.568	0.555	0.001	1.742	0.297	0.298	1.346
有无配偶	0.525	0.014	1.691	0.581	0.237	1.788	0.834	0.000	2.303	-0.748	0.010	0.473
受教育年限	0.031	0.088	1.031	0.008	0.793	1.008	0.013	0.444	1.013	0.062	0.027	1.064
有无职业培训	1.031	0.000	2.803	-0.611	0.190	0.543	0.625	0.000	1.868	0.396	0.085	1.485
健康状况	0.331	0.000	1.392	0.021	0.833	1.021	0.251	0.000	1.285	0.016	0.878	1.017
劳动力就业比	3.467	0.028	32.030	—	—	—	—	—	—	—	—	—
本地务农比	—	—	—	9.751	0.000	17168.848	—	—	—	—	—	—
本地非农比	—	—	—	—	—	—	3.512	0.000	33.506	—	—	—
外地就业比	—	—	—	—	—	—	—	—	—	8.220	0.000	3714.521
Constant	-10.727	0.000	0.000	-14.793	0.000	0.000	-9.941	0.000	0.000	-8.042	0.000	0.000

注：前3个模型的家庭结构变量参照组是夫妻核心家庭，第4个模型的家庭结构变量参照组是标准核心家庭；由于样本数量限制，未能对每种家庭类型进行对比；每个模型家庭结构变量参照组和比较组以外的家庭全部归为"其他家庭"。

家庭、其他家庭与夫妻核心家庭相比，劳动力是否本地务农的决策存在显著差异；第三个模型中，二代标准直系家庭、三代及以上直系家庭、其他家庭与夫妻核心家庭相比，劳动力是否选择本地非农就业存在显著差异；第四个模型中，二代缺损直系家庭与标准核心家庭相比，劳动力是否选择外地就业也存在显著差异。除了家庭结构的影响，家庭抚养和赡养因素中的学龄前儿童数量和老年人口数量也对劳动力就业决策产生影响。劳动力配置因素的所有变量在不同方面对劳动力就业决策产生影响。家庭4种生计资本的影响作用较弱，只有自然资本和金融资本产生某种影响。个体特征对劳动力就业决策的影响非常明显，所有个人特征变量均对是否就业的决策产生影响，第三和第四个模型相比第二个模型，个体特征因素的显著变量更多。村级劳动力因素在每个模型中均具有显著影响，在本地务农和外地就业的选择中，"同群效应"所起的作用更大。

（二）家庭类型对劳动力是否就业影响因素的调节作用

进一步考察家庭类型对劳动力是否就业影响因素的调节作用如表6—6所示。从抚养和赡养因素看，虽然学龄前儿童变量在总体样本回归中显著，但在主要的5种家庭类型中影响并不显著。学龄少儿变量在总体样本回归中不显著，但对标准核心家庭的劳动力就业却存在显著影响，而且这种影响是正面的。老年人口变量对二代标准直系家庭和三代及以上直系家庭的劳动力就业产生正面影响，而对其他3种家庭类型的影响不显著。从家庭劳动力配置情况看，4个变量在标准核心家庭和二代标准直系家庭中均存在显著的正面影响，在二代缺损直系家庭中有3个变量存在显著的正面影响，而夫妻核心家庭和三代及以上直系家庭样本中所有4个变量均不存在显著影响。从个体特征因素看，男性相比女性，在3种直系家庭类型中均更倾向于就业，而在2种核心家庭中并无显著影响。除了夫妻核心家庭，其他4种家庭类型中劳动力是否就业受到年龄因素的显著影响，而且这些年龄因素均存在倒U形分布，但拐点存在差异。是否户主、有无职业培训这两个变量在不同家庭类型中影响的显著性具有一致性，它们均在标准核心家庭、二代标准直系家庭和二代缺损直系家庭中存在正面显著影响，而在另外两种家庭中无显著影响。劳动力有配偶在二代标准直系和二代缺损直系家庭中更可

表6-6　不同家庭类型劳动力是否就业的影响因素

家庭类型	夫妻核心 B	夫妻核心 Sig.	夫妻核心 Exp(B)	标准核心 B	标准核心 Sig.	标准核心 Exp(B)	二代标准直系 B	二代标准直系 Sig.	二代标准直系 Exp(B)	二代缺损直系 B	二代缺损直系 Sig.	二代缺损直系 Exp(B)	三代及以上直系 B	三代及以上直系 Sig.	三代及以上直系 Exp(B)
学龄前儿童	—	—	—	-0.247	0.473	0.781	-0.184	0.245	0.832	-0.411	0.294	0.663	-0.015	0.975	0.985
学龄少儿	—	—	—	0.522	0.045	1.685	0.187	0.315	1.206	0.033	0.922	1.033	0.561	0.478	1.752
老年人口	0.826	0.448	2.285	0.451	0.508	1.571	0.686	0.000	1.985	0.415	0.307	1.514	1.372	0.036	3.942
其他劳动力本地务农	0.460	0.657	1.584	1.698	0.000	5.463	1.513	0.000	4.542	1.590	0.001	4.904	-1.258	0.201	0.284
其他劳动力本地非农	-0.776	0.370	0.460	0.999	0.000	2.715	0.785	0.000	2.192	1.320	0.000	3.743	0.535	0.133	1.707
其他劳动力外地就业	-0.003	0.999	0.997	0.665	0.002	1.945	0.677	0.000	1.969	0.571	0.272	1.769	-0.450	0.446	0.638
其他劳动力做家务	-0.202	0.830	0.817	1.584	0.000	4.874	1.117	0.000	3.057	1.209	0.010	3.350	-0.022	0.970	0.978
自然资本	-0.130	0.924	0.878	0.083	0.651	1.086	-0.084	0.637	0.919	0.667	0.361	1.949	2.522	0.164	12.452
物质资本	-0.331	0.566	0.718	-0.216	0.396	0.805	-0.190	0.339	0.827	0.201	0.686	1.222	0.459	0.513	1.583
金融资本	-0.852	0.283	0.427	0.274	0.169	1.316	0.030	0.863	1.031	0.152	0.670	1.164	-0.263	0.485	0.769

第六章 被征地劳动力流动策略影响因素分析

续表

家庭类型	夫妻核心 B	夫妻核心 Sig.	夫妻核心 Exp(B)	标准核心 B	标准核心 Sig.	标准核心 Exp(B)	二代标准直系 B	二代标准直系 Sig.	二代标准直系 Exp(B)	二代缺损直系 B	二代缺损直系 Sig.	二代缺损直系 Exp(B)	三代及以上直系 B	三代及以上直系 Sig.	三代及以上直系 Exp(B)
社会资本	0.383	0.626	1.467	-0.307	0.200	0.736	-0.149	0.522	0.861	-0.163	0.783	0.850	0.498	0.633	1.645
性别	-0.470	0.712	0.625	0.206	0.541	1.229	1.146	0.000	3.144	0.682	0.082	1.978	2.216	0.004	9.170
年龄	0.580	0.372	1.786	0.442	0.000	1.556	0.292	0.000	1.339	0.580	0.000	1.786	0.783	0.000	2.187
年龄平方项	-0.006	0.333	0.994	-0.005	0.000	0.995	-0.004	0.000	0.996	-0.007	0.000	0.993	-0.009	0.001	0.991
是否户主	1.573	0.214	4.821	0.998	0.023	2.714	0.611	0.052	1.842	1.643	0.005	5.173	-1.625	0.103	0.197
有无配偶	-21.346	0.999	0.000	-0.404	0.545	0.667	0.784	0.045	2.191	1.305	0.012	3.688	1.626	0.144	5.086
受教育年限	0.009	0.924	1.009	0.045	0.258	1.046	0.035	0.215	1.035	-0.014	0.803	0.986	0.176	0.122	1.193
有无职业培训	20.794	0.999	1.074E+09	0.763	0.055	2.145	0.988	0.013	2.685	1.404	0.055	4.073	0.245	0.795	1.278
健康状况	0.434	0.094	1.544	0.434	0.001	1.544	0.317	0.003	1.373	0.357	0.064	1.429	0.427	0.352	1.532
劳动力就业比	15.574	0.098	5.802E+06	2.805	0.366	16.524	2.469	0.308	11.816	0.725	0.902	2.065	-4.187	0.703	0.015
Constant	-4.727	1.000	0.009	-13.772	0.000	0.000	-11.211	0.000	0.000	-15.392	0.001	0.000	-18.261	0.048	0.000

注：由于样本数量限制，这里只比较了 5 种类型家庭。

能就业，而在另外3种家庭中无显著影响。劳动力的健康状况，在后4个模型中显著影响就业，而在夫妻核心家庭中无显著影响。村内总就业比对劳动力就业的影响只在夫妻核心家庭中显著，而在其他类型家庭中影响不显著。总体表明，家庭结构对学龄少儿数量、老年人口数量、家庭劳动力配置情况、性别、年龄、是否户主、有无配偶、是否参加过职业培训、健康状况、村级就业比等劳动力是否就业的影响因素起到调节作用。

（三）家庭类型对劳动力是否本地务农影响因素的调节作用

受到家庭结构的调节，不同家庭类型的劳动力选择本地务农的影响因素存在差别，如表6—7所示。从抚养和赡养因素看，只有二代缺损直系家庭中学龄前儿童数量正面影响对本地务农的选择。从劳动力配置情况看，其他劳动力本地务农数量对劳动力选择本地务农的正面影响集中在标准核心家庭和二代标准直系家庭中，对其他类型家庭没有显著影响。从生计资本看，家庭中自然资本对劳动力选择本地务农的正面影响集中在标准核心家庭和二代缺损直系家庭中，对其他类型家庭没有显著影响。性别对本地务农选择的影响主要集中在二代标准直系家庭和二代缺损直系家庭中，对其他类型家庭没有显著影响。从个体特征看，两种直系家庭中的女性比男性更倾向于本地务农。年龄对本地务农选择的影响集中在二代标准直系家庭中，对其他3种家庭类型则没有显著影响。有无配偶的正面影响在二代缺损直系家庭中显著，有无职业培训的正面影响在夫妻核心家庭中显著。本地务农"同群效应"集中在夫妻核心家庭中，对其他家庭则没有显著影响。总体表明，家庭结构对学龄前儿童数量、家庭其他劳动力本地务农数量、家庭自然资本、性别、年龄、有无配偶、有无参加过职业培训、本地务农比等影响因素产生调节作用。

第六章 被征地劳动力流动策略影响因素分析

表6—7 不同家庭类型劳动力是否本地务农影响因素

家庭类型	夫妻核心 B	夫妻核心 Sig.	夫妻核心 Exp（B）	标准核心 B	标准核心 Sig.	标准核心 Exp（B）	二代标准直系 B	二代标准直系 Sig.	二代标准直系 Exp（B）	二代缺损直系 B	二代缺损直系 Sig.	二代缺损直系 Exp（B）
学龄前儿童	—	—	—	0.654	0.565	1.923	0.041	0.887	1.042	1.247	0.064	3.481
学龄少儿	—	—	—	−0.035	0.966	0.966	0.049	0.892	1.051	0.848	0.139	2.334
老年人口	0.418	0.758	1.518	1.459	0.323	4.301	0.583	0.123	1.791	−0.859	0.314	0.424
其他劳动力本地务农	1.564	0.230	4.776	2.351	0.000	10.500	2.462	0.000	11.732	0.433	0.464	1.542
其他劳动力本地非农	−1.000	0.453	0.368	0.345	0.400	1.412	0.352	0.127	1.422	0.607	0.137	1.835
其他劳动力外地就业	2.191	0.328	8.942	0.501	0.236	1.650	0.216	0.483	1.241	−0.353	0.615	0.703
其他劳动力做家务	−0.092	0.947	0.912	−0.539	0.640	0.583	0.139	0.703	1.149	0.891	0.173	2.437
自然资本	1.037	0.551	2.822	0.553	0.073	1.738	0.274	0.293	1.315	3.656	0.001	38.703
物质资本	−1.115	0.184	0.328	0.297	0.586	1.346	−0.514	0.163	0.598	−0.712	0.363	0.491
金融资本	−0.270	0.798	0.763	−0.503	0.425	0.605	0.116	0.708	1.123	−1.184	0.256	0.306
社会资本	−1.257	0.207	0.284	0.547	0.241	1.728	0.146	0.737	1.158	0.658	0.418	1.932

▶ 被征地农民的生计策略研究

续表

家庭类型	夫妻核心			标准核心			二代标准直系			二代缺损直系		
	B	Sig.	Exp (B)	B	Sig.	Exp (B)	B	Sig.	Exp (B)	B	Sig.	Exp (B)
性别	-2.319	0.133	0.098	-0.280	0.829	0.756	-0.963	0.061	0.382	-1.613	0.085	0.199
年龄	0.998	0.459	2.713	0.448	0.227	1.565	0.664	0.000	1.943	0.049	0.825	1.050
年龄平方项	-0.008	0.513	0.992	-0.004	0.293	0.996	-0.005	0.004	0.995	0.001	0.770	1.001
是否户主	0.885	0.537	2.424	0.311	0.815	1.365	0.265	0.617	1.304	1.265	0.174	3.544
有无配偶	-1.656	0.447	0.191	0.084	0.974	1.087	16.307	0.996	1.208E+07	1.737	0.059	5.678
受教育年限	0.052	0.679	1.053	-0.077	0.438	0.926	0.048	0.312	1.049	0.071	0.457	1.074
有无职业培训	2.139	0.095	8.487	-1.238	0.349	0.290	-0.026	0.976	0.975	-18.234	0.998	0.000
健康状况	0.101	0.763	1.106	-0.041	0.858	0.959	-0.034	0.838	0.966	0.446	0.138	1.562
本地务农比	30.636	0.034	2.019E+13	8.760	0.114	6373.355	5.217	0.191	184.369	-1.266	0.857	0.282
Constant	-34.492	0.372	0.000	-16.045	0.032	0.000	-40.235	0.990	0.000	-11.137	0.022	0.000

注：由于样本数量限制，这里只比较了4种家庭类型。

(四) 家庭类型对劳动力是否本地非农就业影响因素的调节作用

劳动力选择本地非农就业受到家庭结构的调节，表现为不同家庭类型样本的影响因素存在差别，如表6—8所示。从抚养和赡养因素看，学龄前儿童数量对劳动力选择本地非农的影响集中在二代缺损直系家庭和三代及以上直系家庭中，而对其他家庭类型没有显著影响。学龄少儿数量对劳动力选择本地非农的正面影响集中在标准核心家庭和三代及以上直系家庭中，对其他家庭类型没有显著影响。家庭老年人口数量对劳动力选择本地非农的正向影响集中在二代标准直系家庭和三代及以上直系家庭，对其他类型家庭没有显著影响。从劳动力配置情况看，家庭其他劳动力本地务农在夫妻核心家庭中负面影响劳动力本地非农，而在二代标准直系家庭中存在正面影响。其他劳动力本地非农数量和做家务数量在标准核心家庭、二代标准直系家庭、二代缺损直系家庭中均存在正面影响。从个体特征看，性别对本地非农就业的影响集中在二代标准直系家庭和三代及以上直系家庭中，而对其他家庭类型没有显著影响。对夫妻核心家庭来说，年龄对本地非农就业没有显著影响，而对其他4种家庭类型的影响均呈倒U形分布。劳动力为户主和有配偶对选择本地非农就业的影响集中在二代标准直系家庭和二代缺损直系家庭中，而对其他家庭类型没有显著影响。健康状况正面影响标准核心家庭和二代标准直系家庭中劳动力的本地非农就业，而对其他家庭类型没有显著影响。村内本地非农就业比对后4种家庭类型存在显著影响，其中对三代及以上直系家庭的影响程度最大。总体上表明，家庭结构对学龄前儿童数量、学龄少儿数量、老年人口数量、其他劳动力本地务农、其他劳动力本地非农、其他劳动力做家务、性别、年龄、是否户主、有无配偶、有无职业培训、健康状况、本地非农比等影响因素均存在调节作用。

表6—8 不同家庭类型劳动力是否本地非农就业影响因素

家庭类型	夫妻核心 B	夫妻核心 Sig.	夫妻核心 Exp(B)	标准核心 B	标准核心 Sig.	标准核心 Exp(B)	二代标准直系 B	二代标准直系 Sig.	二代标准直系 Exp(B)	二代缺损直系 B	二代缺损直系 Sig.	二代缺损直系 Exp(B)	三代及以上直系 B	三代及以上直系 Sig.	三代及以上直系 Exp(B)
学龄前儿童	—	—	—	-0.099	0.754	0.906	-0.156	0.297	0.855	-0.658	0.073	0.518	0.822	0.066	2.275
学龄少儿	—	—	—	0.402	0.091	1.495	0.206	0.232	1.229	-0.315	0.314	0.729	2.385	0.006	10.854
老年人口	0.868	0.412	2.382	-0.521	0.585	0.594	0.464	0.006	1.590	0.329	0.382	1.389	1.485	0.024	4.417
其他劳动力本地务农	-2.300	0.023	0.100	0.172	0.593	1.188	0.651	0.000	1.918	0.582	0.200	1.789	0.484	0.566	1.623
其他劳动力本地非农	-0.434	0.581	0.648	0.814	0.000	2.258	0.649	0.000	1.913	1.160	0.000	3.189	0.182	0.565	1.200
其他劳动力外地就业	0.333	0.844	1.395	-0.202	0.270	0.817	0.062	0.683	1.064	-0.114	0.831	0.892	0.789	0.137	2.201
其他劳动力做家务	-0.121	0.888	0.886	0.982	0.001	2.670	0.866	0.000	2.378	0.766	0.060	2.150	-0.429	0.414	0.651
自然资本	-1.543	0.236	0.214	0.028	0.859	1.029	-0.091	0.539	0.913	-0.759	0.209	0.468	-1.064	0.363	0.345
物质资本	-0.127	0.818	0.881	-0.098	0.661	0.907	0.035	0.850	1.036	0.354	0.428	1.424	0.467	0.489	1.595

第六章 被征地劳动力流动策略影响因素分析

续表

家庭类型	夫妻核心 B	夫妻核心 Sig.	夫妻核心 Exp(B)	标准核心 B	标准核心 Sig.	标准核心 Exp(B)	二代标准直系 B	二代标准直系 Sig.	二代标准直系 Exp(B)	二代缺损直系 B	二代缺损直系 Sig.	二代缺损直系 Exp(B)	三代及以上直系 B	三代及以上直系 Sig.	三代及以上直系 Exp(B)
金融资本	-0.732	0.408	0.481	0.218	0.169	1.244	-0.243	0.129	0.784	0.478	0.140	1.613	-0.409	0.223	0.665
社会资本	0.895	0.214	2.447	-0.128	0.558	0.880	-0.080	0.712	0.923	-0.474	0.355	0.623	-0.330	0.692	0.719
性别	0.465	0.648	1.592	0.421	0.188	1.524	0.784	0.000	2.189	0.153	0.680	1.166	1.464	0.021	4.324
年龄	0.541	0.353	1.717	0.284	0.000	1.328	0.295	0.000	1.342	0.529	0.000	1.697	0.611	0.001	1.843
年龄平方项	-0.006	0.307	0.994	-0.003	0.002	0.997	-0.004	0.000	0.996	-0.007	0.000	0.993	-0.008	0.001	0.992
是否户主	0.905	0.360	2.472	0.233	0.554	1.262	0.955	0.001	2.600	1.447	0.004	4.250	-0.953	0.231	0.385
有无配偶	-0.628	0.681	0.534	0.619	0.295	1.857	0.660	0.078	1.935	1.258	0.014	3.519	1.560	0.114	4.761
受教育年限	0.013	0.888	1.013	0.027	0.448	1.027	0.002	0.946	1.002	-0.015	0.781	0.985	0.023	0.814	1.023
有无职业培训	1.295	0.252	3.649	0.443	0.184	1.557	0.582	0.040	1.790	0.910	0.127	2.485	0.698	0.380	2.009
健康状况	0.267	0.275	1.305	0.298	0.009	1.348	0.292	0.005	1.339	0.075	0.679	1.078	0.157	0.660	1.170
本地非农比	0.891	0.797	2.437	3.058	0.009	21.294	3.935	0.000	51.148	3.277	0.092	26.484	13.362	0.003	6.355E+05
Constant	-14.595	0.384	0.000	-10.468	0.000	0.000	-10.882	0.000	0.000	-13.521	0.000	0.000	-23.446	0.000	0.000

注：由于样本数量限制，这里只比较了5种家庭类型。

· 109 ·

(五) 家庭类型对劳动力是否外地就业影响因素的调节作用

劳动力是否外地就业的影响因素同样受到家庭结构的调节，如表6—9所示。从劳动力配置情况看，家庭其他劳动力外地就业数量对外地就业的影响集中在标准核心家庭和二代标准直系家庭中，而对二代缺损直系家庭影响并不显著。虽然其他劳动力做家务数量在总体样本中具有显著影响，但并未对三种主要家庭类型产生显著影响。从家庭生计资本看，家庭金融资本对劳动力外地就业的正面影响集中在二代标准直系家庭中，社会资本对劳动力外地就业的负面影响集中在标准核心家庭中。从个体特征看，性别的影响主要集中在二代缺损直系家庭中，年龄的影响主要集中在标准核心家庭和二代标准直系家庭中，是否户主和有无配偶的影响集中在标准核心家庭中。村级外地就业比在3种家庭类型中均有显著影响，但对二代缺损直系家庭劳动力的影响程度最大。总体表明，家庭结构对其他劳动力外地就业数量、金融资本、社会资本、性别、年龄、是否户主、有无配偶、外地就业比等影响因素存在调节作用。

表6—9 不同家庭类型劳动力是否外地就业影响因素

家庭类型	标准核心 B	标准核心 Sig.	标准核心 Exp(B)	二代标准直系 B	二代标准直系 Sig.	二代标准直系 Exp(B)	二代缺损直系 B	二代缺损直系 Sig.	二代缺损直系 Exp(B)
学龄前儿童	-1.010	0.166	0.364	-0.209	0.377	0.811	0.418	0.494	1.519
学龄少儿	0.026	0.947	1.027	-0.186	0.529	0.830	0.091	0.886	1.096
老年人口	0.491	0.623	1.634	0.048	0.842	1.050	-0.508	0.507	0.602
其他劳动力本地务农	0.669	0.102	1.952	-0.072	0.777	0.931	0.852	0.298	2.343
其他劳动力本地非农	-0.117	0.669	0.889	-0.011	0.947	0.989	-0.630	0.226	0.532
其他劳动力外地就业	1.124	0.000	3.078	0.847	0.000	2.333	-0.154	0.823	0.857
其他劳动力做家务	0.417	0.329	1.518	0.349	0.106	1.418	-0.622	0.415	0.537
自然资本	0.006	0.981	1.006	-0.022	0.920	0.979	0.043	0.970	1.043
物质资本	-0.164	0.650	0.848	-0.297	0.323	0.743	1.297	0.333	3.657

续表

家庭类型	标准核心 B	标准核心 Sig.	标准核心 Exp(B)	二代标准直系 B	二代标准直系 Sig.	二代标准直系 Exp(B)	二代缺损直系 B	二代缺损直系 Sig.	二代缺损直系 Exp(B)
金融资本	0.104	0.619	1.110	0.494	0.018	1.640	-0.096	0.909	0.908
社会资本	-1.471	0.013	0.230	-0.121	0.733	0.886	0.000	1.000	1.000
性别	0.014	0.972	1.014	0.328	0.219	1.388	1.717	0.019	5.570
年龄	0.398	0.006	1.488	0.264	0.011	1.302	0.314	0.121	1.369
年龄平方项	-0.006	0.002	0.994	-0.004	0.002	0.996	-0.004	0.125	0.996
是否户主	1.329	0.039	3.779	0.142	0.762	1.152	-0.691	0.361	0.501
有无配偶	-1.628	0.070	0.196	-0.081	0.863	0.922	-0.939	0.285	0.391
受教育年限	0.076	0.208	1.079	0.061	0.138	1.063	0.100	0.347	1.105
有无职业培训	0.746	0.110	2.108	0.192	0.573	1.212	0.872	0.320	2.392
健康状况	0.119	0.582	1.127	-0.035	0.839	0.966	0.116	0.720	1.123
外地就业比	7.978	0.000	2916.284	8.376	0.000	4341.349	18.112	0.002	7.342E+07
Constant	-9.882	0.000	0.000	-7.446	0.000	0.001	-12.389	0.007	0.000

注：由于样本数量限制，这里只比较了3种家庭类型。

四 回归结果的进一步讨论

家庭结构与家庭规模关系密切，家庭规模越小，意味着家庭结构越简单，家庭规模越大，表明目前或未来的家庭结构越复杂。而家庭结构变量能综合反映家庭亲属结构、代际结构、年龄结构等问题。以家庭结构为自变量的回归模型，基本的考虑是验证家庭结构是否对劳动力的就业决策产生影响，这有助于揭示家庭结构背后所蕴含的丰富家庭信息对就业决策的影响。这些家庭信息至少包括家庭关系、家庭功能、家庭角色、家庭生命周期等难以量化，但又极其重要的家庭内涵。如表6—5所示的4个回归结果表明，家庭结构对4个方面就业决策均存在显著影响；家庭结构是影响就业决策的重要变量，这为进一步分家庭类型的回归奠定了基础。但表6—5的回归结果包括所有样本，容易掩盖不同家庭类型的差异性，基于行为学派理论，为了进一步解释家庭结构的作用，需要将家庭结构作为调节其他家庭因素、个体特征和村级特征的变量进一步构建模型。为此，如表6—6所示以是否就业进行分家庭类型影响因素回归。但表6—6也容易掩盖不同就业决策影响因素和家庭调节作用的差异性。为了解决这一问题，需要进一步从是否本地务农、是否本地非农和是否外地就业3个方面考察就业决策，如表6—7至表6—9所示。综合表6—6至表6—9的回归表明，夫妻核心和标准核心家庭的就业决策影响因素存在差异，二代标准直系、二代缺损直系和三代及以上直系家庭的就业决策影响因素也存在差异。如果在家庭类型划分中，只按照一级分类进行分析，则会分别掩盖核心家庭和直系家庭二级分类的异质性。按照核心家庭和直系家庭两种类型分类的就业决策影响因素回归结果可参看附表1至附表4，这里不再做详细讨论。

总体表明，抚养和赡养因素使劳动力就业更倾向于本地就业，但在不同家庭类型中的影响状况是有差异的。广义上讲，学龄前儿童、学龄少儿、老年人口这些变量也从一定程度上反映了家庭结构，但这些因素更多地反映了抚养和赡养情况。理论上认为，家庭抚养和赡养因素是劳动力就业决策的制约因素。但从回归结果看，这一因素所包含的3个变量影响逻辑和表现是有差异的。学龄前儿童数量越多，劳动力越不可能选择就业，二代缺损直系家庭中学龄前儿童数量越多，劳动力越倾向于选择本地务农，三代及以上直系家庭中学龄前儿童数量越多，劳动力越倾向于选择本地非农就业。学龄前儿童是缺乏自理能力的群体，回归结果与我们的直觉相符合。但从优势比看，这种制约因素对就业决策的影响并不严重，可能的原因是个体劳动力可以选择兼业的形式，或者多个劳动力轮流照料的方式，来降低学龄前儿童这一因素对就业的制约。标准核心家庭的回归结果显示，学龄少儿数量越多，劳动力越可能选择就业，同时越可能选择本地非农就业。标准核心家庭的劳动力配置决策存在两难，他们一方面需要花时间照顾学龄少儿，另一方面需要获取收入以提供子女抚养费用。学龄少儿相比学龄前儿童，他们自理能力普遍提高，需要的照料时间相对减少，但核心家庭缺乏替代人员提供学龄少儿的照料时间，劳动力理性地选择本地非农就业。三代及以上直系家庭中学龄少儿导致劳动力有本地非农就业的倾向，可能有不同的原因，这类家庭更加注重亲子关系，同时为了兼顾生活开支，更偏好留在本地选择非农就业。张务伟等（2011）发现，赡养老人负担更重的家庭，其劳动力就业的非农化程度更低、收入更少，就业也更不稳定，而本书发现家庭老年人口越多的劳动力总体就业倾向越高，而且更倾向于选择本地务农和本地非农就业，劳动力出于照顾老人的考虑，选择本地就业。这既体现了被征地农村农业就业机会少的特征，同时也表明，家庭中66岁以上老人并非完全是一种家庭负担，他们能够承担部分的家务活动，从而使劳动力更多地选择就业。二代标准直系和三代及以上直系家庭的回归结果与总体样本回归系数正负和显著性完全一致，而二代缺损直系家庭中老年人口变量并无显著影响，可能与这类家庭老年人口普遍丧偶情况有关。

总体表明，家庭劳动力配置中劳动力组合的同一化特征、家务劳动的支持作用均受到家庭结构的调节。在家庭生计系统中，家庭劳动力需要通过一定的组合，以实现家庭整体效用的最大化。虽然劳动力配置是经典农户理论关注的重点（马志雄、丁士军，2013），但已有就业决策影响因素的实证研究，极少关注家庭劳动力配置的问题。而本书总体表明，劳动力的就业组合具有同一化特征，当其他劳动力选择本地务农时，劳动力更加倾向于本地务农，其中标准核心家庭和二代标准直系家庭样本最为显著；当其他劳动力选择本地非农就业时，劳动力更倾向于本地非农就业，这种倾向在标准核心家庭、二代标准直系家庭、二代缺损直系家庭中统计显著；当其他劳动力选择外地就业更多时，劳动力更加倾向于外地就业，其中标准核心家庭和二代标准直系家庭样本最为显著。这表明了家庭内部普遍存在"夫唱妇随""妇唱夫随""子承父业"的就业决策。其他劳动力做家务具有支持性作用，这一原因使标准核心家庭、二代标准直系家庭和二代缺损直系家庭更多选择本地非农就业，同时对总体样本选择外地就业具有支持作用。尽管如此，其他劳动力做家务对劳动力选择本地务农不具有显著支持性作用。

总体表明，自然资本、金融资本和社会资本对就业决策的影响受到家庭结构的调节。已有研究表明家庭生计资本是被征地农户实施生计转型的重要影响因素（马志雄等，2016），表6—5至表6—9回归模型中自然资本、物质资本、金融资本和社会资本从多个维度表征了劳动力所在家庭的"禀赋状况"。回归结果表明，家庭"禀赋状况"对被征地劳动力

4项就业决策的影响比较有限。自然资本越多，劳动力越可能从事务农活动，这符合我们的直觉，自然资本越多，越可能实现农业专业化生产。但这只在标准核心家庭和二代缺损直系家庭中统计显著，表明这两类家庭结构的劳动力更偏好农业经营活动。金融资本越多，劳动力越可能选择外地就业，金融资本指标综合了纯收入、借贷金额和存款金额的情况，金融资本能普遍提高劳动力外出就业的抗风险能力，而二代标准直系家庭中劳动力的显著性表明，这类家庭金融资本对外地就业具有更好的支持性。社会资本越多，劳动力越不可能选择外地就业，本书社会资本指标的构建强调农村区域内部的社会网络和社会信任关系，因此社会资本越高对外地就业越具有"拉回"作用，但只在标准核心家庭中具有显著性，表明标准核心家庭更偏好于家庭团聚。

总体表明，不同家庭类型存在不同的年龄结构和关系结构，随着家庭结构趋向复杂，劳动力个体特征异质性加强，个体特征因素对就业决策的影响更容易受到家庭结构的调节。个体特征因素是最直接影响劳动力就业的因素，综合所有模型表明，所有7个个体特征变量都具有显著影响。男性相比女性，具有更多就业率，并且更多地选择本地非农和外地就业，同时更少地选择本地务农，但这种差异均来自3种直系家庭，表明直系家庭中的性别分工比较突出。除了夫妻核心家庭，其他4种家庭类型的就业决策均受到年龄的显著影响，年龄与就业决策呈倒U形关系，但由于不同家庭的年龄结构存在差异，导致各类家庭中年龄与就业决策的倒U形分布拐点不同。户主角色表征了劳动力家庭角色，户主在家庭中承担了更多的责任，二代标准直系和二代缺损直系家庭的户主显著倾向于选择本地非农就业，而标准核心家庭中，户主更倾向于外地就业。如果说性别、年龄、有无配偶、是否户主也间接反映了劳动力的人力资本，受教育年限、职业培训情况和健康状况则直接反映了劳动力的人力资本，有趣的是受教育年限对劳动力4项就业决策均不存在影响，健康状况只在标准核心家庭和二代标准直系家庭中对本地非农决策存在轻微影响，而职业培训的影响比较明显，如标准核心家庭、二代标准直系和二代缺损直系家庭的是否就业决策，夫妻核心家庭的本地务农决策，二代标准直系家庭的本地非农决策均受到职业培训的正面影响。尽管如此，直接反映人力资本的3个指标对劳动力外地就业决策均没有显著影响。

劳动力在4个方面就业决策中均具有显著的"同群效应"，但在不同家庭类型中的影响状况是有差异的。其中，不同类型家庭劳动力的外地就业决策均存在"同群效应"，这一发现与潘静、陈广汉（2014）和陆铭等（2013）的研究结论相同，但本章研究通过不同家庭类型样本回归，还表明本地非农就业也存在稳定的"同群效应"。此外，对于本地务农的选择，只有夫妻核心家庭存在显著"同群效应"，这也可以为被征地地区剩余农地的流转政策提供一定的启示。

第三节 基于性别和婚姻的劳动力就业影响因素分析

一 调查点劳动力性别和婚姻状况

与此同时，在劳动力市场上处于弱势地位的被征地女性，她们的就业机会较男性少，就业中存在一定程度的职业性别隔离，培训和晋升机会都比男性少，就业率有下降趋势。根据全国第六次人口普查结果显示，2010年16岁至59岁女性的就业率为69.9%，与第五次人口普查相比下降了7%，比同时期的男性就业率低13.8%（中国2010年人口普查资料，2012）。同时受到传统的"男主外、女主内"思想观念和其特殊生理特征的影响，被征地女性劳动力在寻找新的生计途径中处于双重的弱势地位，即"次弱势群体"。在此背景下，从性别差异和婚姻状况的视角探讨中国农村女性的就业决策及其影响因素具有重要现实意义。一方面，被征地女性的生计活动不仅是影响自身发展和家庭地位的决定性因素，而且女性与男性在就业中的不平等也是值得关注的一个经济和社会问题（刘晓昀，2003）；另一方面，被征地女性的婚姻状况，尤其是已婚和未婚的女性在家庭和责任方面存在较大差异，她们从事的生计活动不能一概而论，对其加以区分有利于更细致和深入地把握问题。

被征地女性对生活前景的担忧，特别是对就业的担忧，成为她们最关心的问题（李琴、孙良媛，2007）。目前专门研究被征地女性的文章较少，主要有关于被征地妇女就业及其收入的影响因素（孙良媛，2007；

李琴、孙良媛，2007）、被征地妇女就业与培训（楼培敏，2008；朱冬亮，2005）、被征地女性的就业状况与创业（吴翠萍，2013；李琼，2012；王静，2008）、被征地农村妇女的社会保障问题（肖文，2005）以及西部民族地区女性农民被征地问题（崔岷，2007）。这为本章研究提供了较好的参考，但是大多侧重已婚女性的人力资本、非农就业、家庭照料等的性别差异的分析，实际上不同的婚姻状况和性别差异对被征地女性非农就业的影响程度和作用机理各异，但现有文献中把两者结合起来，且专门研究对被征地女性非农就业决策影响因素的文章仍不多见，有鉴于此，本书专门针对被征地女性非农就业决策的不同婚姻状况和性别差异进行统计描述，并建立回归模型，重点研究性别特征变量和婚姻状况变量对被征地女性非农就业的影响因素。

（一）性别与就业差异

如表6—10所示，在从事本地农业就业、本地非农就业、外地就业和做家务、求学和其他中，被征地女性劳动力从事本地非农就业的比例最大，为39.20%，其次是做家务，占比为27.70%。被征地男性劳动力从事本地非农就业的比例最大，为50.70%，其次是外地就业，占比为13.70%。说明失去土地以后，16岁至65岁的被征地女性和男性最可能从事本地非农就业，"离土不离乡"。而且被征地女性的就业比例比男性低。其次与被征地男性相比，被征地女性会更倾向于做家务。

表6—10　　　　　　　　性别与从事主要活动的列联表

性别		本地农业就业	本地非农就业	外地就业	家务	求学	其他	总计
女性	劳动力（人）	90	380	83	268	48	100	969
	比例（%）	9.30	39.20	8.60	27.70	5.00	10.30	100.00
男性	劳动力（人）	70	552	133	54	55	105	969
	比例（%）	7.20	50.70	13.70	5.60	5.70	10.80	100.00

（二）女性婚姻状况与就业差异

如表6—11所示，969个被征地女性劳动力中，未婚的148人，占15.30%，已婚的人数最多，有807人，占83.30%，离婚的有1人，占

0.10%，丧偶的有13人，占1.30%。从婚姻状况来看被征地女性从事的主要活动：未婚的被征地女性中，从事求学的人数最多，占32.40%，其次是本地非农就业，占29.80%；已婚的被征地女性中，从事本地非农就业的人数最多，占41.40%，其次是家务，占31.80%。已婚女性和未婚女性相比，从事本地非农就业的人数最多，已婚女性由于上有老下有小，在就业的选择上通常会考虑"家庭效用的最大化"，既要承担起抚养孩子、照顾老人等义务，又要通过就业来为家庭减轻经济负担，增加收入，因此最优的选择是从事本地非农就业。未婚女性中求学的人数最多，说明年轻女性的人力资本在不断地提高，有利于今后的就业选择。由于未婚女性只是普通的家庭成员，不需要承担很多家庭责任，在就业方面会考虑从事本地非农就业或者外地就业。

表6—11　　被征地女性婚姻状况与从事主要活动的列联表

女性婚姻状况		本地农业就业	本地非农就业	外地非农就业	家务	求学	其他	总计
未婚	劳动力（人）	2	44	37	2	48	15	148
	比例（%）	1.40	29.80	25.00	1.40	32.40	10.10	100.00
已婚	劳动力（人）	87	334	46	257	0	83	807
	比例（%）	10.80	41.40	5.70	31.80	0.00	10.30	100.00
离婚	劳动力（人）	0	1	0	0	0	0	1
	比例（%）	0.00	100.00	0.00	0.00	0.00	0.00	100.00
丧偶	劳动力（人）	1	1	0	9	0	2	13
	比例（%）	7.70	7.70	0.00	69.20	0.00	15.40	100.00
总计	劳动力（人）	90	380	83	268	48	100	969
	比例（%）	9.30	39.20	8.60	27.70	5.00	10.30	100.00

（三）抚养和赡养负担与就业差异

被征地已婚女性劳动力就业最大的限制来自抚育、赡养。学龄前儿童是指0到6岁的儿童，他们通常较多地需要母亲的照料。如表6—12所示，家庭中没有学龄前儿童的被征地女性劳动力就业率为62.90%，有1个学龄前儿童的被征地女性就业率为49.50%，有2个学龄前儿童的被征地女性就业率为46.50%，家中有3个学龄前儿童，其母亲不再就业。学龄少儿指的是家庭中7岁至15岁的儿童，老年人口指的是家庭中年龄在66岁以上的老人。家中有学龄少儿和老年人口的被征地女性就业率都超过50%，家中有3个老年人口的被征地女性劳动力就业率甚至达到100%，可能的原因是，学龄少儿到了上学的年龄，可以由身体健康的老年人帮忙照看，也说明了老年人口的健康状况普遍较好。被征地女性劳动力就业有利于为学龄少儿提供教育支持和为老年人口提供经济支持。

表6—12　　　　不同抚养和赡养情况的被征地女性劳动力就业比例

单位（%）

数量	0个	1个	2个	3个
学龄前儿童数	62.90	49.50	46.50	0.00
学龄少儿数	58.00	53.10	69.20	50.00
老年人口数	56.70	54.00	73.30	100.00

二　模型采用与变量选取

综合以往研究和本章前面部分的分析认为，影响女性就业决策的影响因素包括性别、婚姻状况，家庭状况以及个人特征。各变量与被征地女性劳动力就业决策是否具有可靠的因果联系，需要深入的计量经济分析。本章将采用二元Logistic回归模型进行分析，在模型中被解释变量为被征地女性劳动力就业决策（Y）。基本Logistic模型设置如下：

$$\ln[p_y/(1-p_y)] = \alpha_i + \beta_1 sex_i + \beta_2 marri_i + \beta_3 nurture_i + \beta_4 labor_i + \beta_5 individual_i + \beta_6 peer_i + \varepsilon_i$$

其中，因变量包括是否就业、是否本地非农就业、是否外地就业3个二分变量。sex_i表示性别，分为女性和男性；$marri_i$表示婚姻状况，分为未婚和已婚；$nurture_i$表示抚养和赡养变量，具体包括家庭中学龄前儿童数量、学龄少儿数量、老年人口数量；$labor_i$表示家庭其他劳动力配置变量，具体包括家庭其他劳力本地务农数量、本地非农就业数量、外地就业数量、做家务数量；$individual_i$表示个体特征变量，具体包括年龄（由于个体就业存在生命周期，模型中增加年龄平方项）、受教育年限、健康状况、是否户主、是否参加过职业培训等；$peer_i$表示"同群效应"变量，主要从村庄层面考察"同群效应",具体变量包括村内本地务农比重、村内本地非农就业比重、村内外出就业比重、村内劳动力就业比重。

三 回归结果及其解释

(一) 不同性别和婚姻状况劳动力是否就业的影响因素

将本地务农、本地非农就业和外地就业的劳动力合并为就业劳动力,以考察性别和不同婚姻状况的劳动力是否就业的影响因素。如表6—13所示,以所有样本回归的结果显示,性别对劳动力就业产生显著影响,男性相比女性更倾向于就业;与未婚相比,已婚对劳动力就业没有产生显著影响。影响被征地劳动力就业的家庭变量包括学龄前儿童、其他劳动力本地务农、其他劳动力本地非农、其他劳动力外地就业、其他劳动力做家务,个人特征变量包括年龄、是否户主、是否参加职业培训、健康状况,以及村内总就业比对所有劳动力是否就业具有显著的影响。其他变量情况不变的情况下,学龄前儿童数量对劳动力就业产生负面影响;其他劳动力本地务农、其他劳动力本地非农、其他劳动力外地就业、其他劳动力做家务的数量对劳动力就业均存在正面影响;年龄对是否就业的影响呈倒U型分布,年龄的作用非常显著,越年轻的劳动力越可能就业,年龄越大的越倾向于退出就业;是户主、参加过职业培训、健康状况良好等个体特征也有助于劳动力选择就业;村内劳动力就业的比重越大,劳动力越可能选择就业。

进一步从性别的调节作用来看回归结果。与男性相比,家中有学龄前儿童更不利于女性就业,这与蔡昉(2001)和周春芳(2013)的研究结论保持一致,对于学龄前儿童来说,他的福利最大化就是母亲给予无微不至的照顾,因此他的母亲必须放弃从事经济活动的机会。女性劳动参与率会随着儿童年龄的增加而增加(杜凤莲,2008)。家中学龄少儿对被征地女性就业没有产生影响,可能的原因是,孩子到了上学年龄,可以由家中身体健康状况尚好的老人帮忙照看,这对其母亲就业有所帮助。这一结论和赵耀辉(1997)基本保持一致。是否户主和其他劳动力外地就业对女性劳动力就业没有影响,对男性就业却有显著的正面影响,可能的原因是中国大多数家庭都是男性当家做主,是户主男性和其他劳动力外地非农就业对男性就业有帮助。村内总就业比对女性就业有显著影响,对男性就业却没有产生影响;和未婚相比,已婚对女性是否就业没有影响,对男性却有显著的正面影响,可能的原因是,结婚后男性可以把家务事交给妻子打理,自己则安心就业。

表6—13　　不同性别和婚姻状况劳动力是否就业回归结果

	不分性别 系数	EXP（B）	女性 系数	EXP（B）	男性 系数	EXP（B）
性别	0.713***	2.040				
婚姻状况	0.280	1.324	-0.056	0.945	0.658*	1.930
学龄前儿童	-0.585***	0.557	-0.791***	0.453	-0.320*	0.726
学龄少儿	-0.007	0.993	-0.087	0.917	-0.009	0.991
老年人口	0.170	1.185	0.212	1.236	0.138	1.148
其他劳动力本地农业	1.170***	3.223	0.901***	2.463	1.874***	6.513
其他劳动力本地非农	0.410***	1.507	0.354***	1.425	0.575***	1.778
其他劳动力外地非农	0.286***	1.331	0.148	1.160	0.576***	1.779
其他劳动力家务	0.714***	2.043	0.542***	1.720	0.895***	2.446
家庭纯收入	0.000	1.000	0.000	1.000	0.000	1.000
年龄	0.348***	1.416	0.299***	1.349	0.432***	1.540
年龄平方项	-0.004***	0.996	-0.004***	0.996	-0.005***	0.995
是否户主	0.667***	1.948	0.445	1.560	0.575**	1.777
教育年限	0.023	1.023	0.031	1.031	-0.012	0.988
有无培训	1.019***	2.770	1.153***	3.166	0.857***	2.355
健康状况	0.289***	1.335	0.228***	1.257	0.420***	1.523
村内总就业比	3.467*	32.035	3.754*	42.697	2.834	17.005
Constant	-10.912***	0.000	-9.455***	0.000	-12.087***	0.000

注:为了便于分析,回归模型剔除离婚(4个)和丧偶(28个)的劳动力样本,只保留已婚和未婚的劳动力。*、**和***分别表示10%、5%和1%的显著性水平。表中婚姻状况变量参照组是未婚。

第六章 被征地劳动力流动策略影响因素分析

（二）不同性别和婚姻状况劳动力是否本地非农就业的影响因素

如表 6—14 所示，在所有劳动力样本中，性别和婚姻状况对劳动力是否本地非农就业都有显著的正面影响。男性和女性相比，男性更倾向于本地非农就业，已婚和未婚相比，已婚劳动力更倾向于本地非农就业。显著影响被征地劳动力是否本地非农就业的家庭变量包括学龄前儿童数量、其他劳动力本地非农数量、其他劳动力外地就业数量、其他劳动力做家务数量，个人特征变量包括年龄、是否户主、是否参加过职业培训、健康状况，以及村内本地非农就业比。其他条件相同的情况下，家庭学龄前儿童数量越多的劳动力，越不可能选择本地非农就业；其他劳动力本地非农数量和其他劳动力做家务数量越多的劳动力，越可能选择本地非农就业；其他劳动力外地就业数量越多的劳动力，越不可能选择本地非农就业；从个人特征看，户主、参加过职业培训、健康状况越好的劳动力，越可能选择本地非农就业；年龄对选择本地非农就业的影响存在倒 U 型分布；村内本地非农就业的比重越大，劳动力越可能选择本地非农就业，表明劳动力本地非农就业的选择存在"同群效应"。

表 6—14 不同性别和婚姻状况劳动力是否本地非农就业回归结果

	不分性别		女性		男性	
	B	EXP（B）	B	EXP（B）	B	EXP（B）
性别	0.546***	1.726				
婚姻状况	0.576***	1.780	0.707**	2.028	0.357	1.429
学龄前儿童	-0.405***	0.667	-0.702***	0.496	-0.136	0.873
学龄少儿	0.098	1.103	0.002	1.002	0.148	1.160
老年人口	0.069	1.072	0.100	1.106	0.041	1.042
其他劳动力本地农业	0.097	1.102	-0.012	0.988	0.177	1.193
其他劳动力本地非农	0.425***	1.529	0.422***	1.525	0.460***	1.585
其他劳动力外地非农	-0.227**	0.797	-0.377***	0.686	-0.108	0.898

被征地农民的生计策略研究

续表

	不分性别		女性		男性	
	B	EXP（B）	B	EXP（B）	B	EXP（B）
其他劳动力家务	0.451***	1.569	0.280*	1.323	0.523***	1.687
家庭纯收入	0.000	1.000	0.000	1.000	0.000	1.000
年龄	0.329***	1.390	0.332***	1.394	0.358***	1.431
年龄平方项	-0.004***	0.996	-0.004***	0.996	-0.004***	0.996
是否户主	0.594***	1.811	0.436	1.547	0.396*	1.486
教育年限	0.010	1.010	0.022	1.022	-0.019	0.982
有无培训	0.676***	1.967	0.753***	2.124	0.615***	1.849
健康状况	0.238***	1.269	0.193**	1.213	0.291***	1.338
村内本地非农比	3.707***	40.733	3.151***	23.353	4.542***	93.834
Constant	-10.098***	0.000	-9.370***	0.000	-10.695***	0.000

注：为了便于分析，回归模型剔除离婚（4个）和丧偶（28个）的劳动力样本，只保留已婚和未婚的劳动力。*、**和***分别表示10%、5%和1%的显著性水平下显著。表中婚姻状况变量参照组是未婚。

劳动力选择本地非农就业受到性别的调节，与男性相比，学龄前儿童数和其他劳动力外地非农数越多，越不利于被征地女性就业，家中有学龄前儿童的被征地女性不得不从事本地非农就业，以满足工作和照看小孩的需要，或者退出劳动力市场专职照顾小孩。学龄前儿童和其他劳动力外地非农对被征地男性劳动力本地非农就业却没有影响；户主对被征地女性劳动力是否从事本地非农就业没有影响，对男性却有显著的正面影响；健康状况越好，越有利于被征地男性劳动力从事本地非农就业。和未婚相比，已婚对被征地女性是否从事本地非农就业有显著的正面影响，可能的原因是，被征地女性结婚后因为家庭责任会就近选择本地非农就业。已婚对被征地男性劳动力选择本地非农就业却没有影响。

（三）不同性别和婚姻状况劳动力是否外地就业的影响因素

总体上看，如表6—15所示的所有劳动力样本中，性别对是否外地就业有显著影响，被征地男性相比女性，更倾向于外地就业。与未婚相比，已婚对劳动力是否外地就业没有显著影响。显著影响被征地劳动力外地就业的家庭变量包括学龄前儿童数、其他劳动力外地就业、其他劳动力做家务，个人特征变量包括年龄和受教育年限以及村内外地就业比。其他条件相同的情况下，家庭其他劳动力外出就业数量、家庭其他劳动力做家务数量正面影响劳动力外地就业，家庭中学龄前儿童数量负面影响劳动力外地就业；年龄对是否外地就业的影响呈倒 U 型分布；受教育程度越高的劳动力越可能外地就业；村内劳动力外地就业的比重越大，劳动力越可能选择外地就业，表明劳动力外地就业的选择存在"同群效应"。

表 6—15　不同性别和婚姻状况劳动力是否外地就业回归结果

	不分性别 B	不分性别 EXP(B)	女性 B	女性 EXP(B)	男性 B	男性 EXP(B)
性别	0.499 ***	1.647				
婚姻状况	-0.453	0.636	-1.058 **	0.347	-0.034	0.967
学龄前儿童	-0.279 *	0.757	-0.561 *	0.571	-0.198	0.821
学龄少儿	-0.299	0.742	-0.435	0.648	-0.225	0.799
老年人口	-0.152	0.859	-0.001	0.999	-0.227	0.797
其他劳动力本地农业就业	0.241	1.272	0.152	1.164	0.186	1.204
其他劳动力本地非农就业	-0.096	0.908	-0.037	0.964	-0.187	0.829
其他劳动力外地非农就业	0.779 ***	2.180	1.235 ***	3.438	0.569 ***	1.766
其他劳动力家务	0.404 ***	1.498	0.516 **	1.675	0.220	1.246
家庭纯收入	0.000 **	1.000	0.000 *	1.000	0.000	1.000
年龄	0.246 ***	1.279	0.532 ***	1.702	0.194 **	1.215
年龄平方项	-0.004 ***	0.996	-0.009 ***	0.991	-0.003 ***	0.997
是否户主	0.204	1.226	1.296	3.655	-0.656 **	0.519
教育年限	0.054 *	1.055	-0.002	0.998	0.055	1.057
有无培训	0.247	1.280	0.750 *	2.118	-0.054	0.947
健康状况	-0.014	0.986	0.110	1.116	-0.084	0.919

续表

	不分性别		女性		男性	
	B	EXP（B）	B	EXP（B）	B	EXP（B）
村内外地就业比	8.294***	3997.926	5.630***	278.790	9.665***	15759.795
Constant	-7.108***	0.001	-10.516***	0.000	-5.841***	0.003

注：为了便于分析，回归模型剔除离婚（4个）和丧偶（28个）的劳动力样本，只保留已婚和未婚的劳动力。*、** 和 *** 分别表示10%、5%和1%的显著性水平下显著。表中婚姻状况变量参照组是未婚。

劳动力是否外地就业的影响因素同样受到性别的调节，与男性相比，学龄前儿童数量越多，越不利于被征地女性就业。家庭其他劳动力做家务数量越多，家庭纯收入越高，个体参加过职业技能培训，越有利于被征地女性外地就业，这可能是由于家庭中的其他劳动力能替代做家务，促使家庭纯收入越高，从而说明家庭经济状况越好，越有利于女性到外地选择自己满意的工作。对男性是否外地就业则没有影响；是否户主对被征地女性外地就业没有影响，对男性外地就业则有显著的负面影响。和未婚相比，已婚对被征地女性外地就业有显著的负面影响，对被征地男性却没有影响。可能的原因是，被征地女性结婚后会因为家庭责任放弃外地就业。

第四节 结语

本章考察了被征地农户劳动力流动策略的影响因素，其中重点考察了家庭结构、性别和婚姻等因素。通过定量回归的简要结论如下：

（一）被征地劳动力就业决策不仅受到个体特征影响，而且受到家庭层面和村级层面因素的影响。个体特征对劳动力就业决策的影响非常明显，性别、年龄、是否户主、有无配偶、受教育年限、有无职业培训和健康状况7个个体特征变量均对就业决策产生显著影响。在家庭层面，抚养和赡养、其他劳动力配置和家庭生计资本均不同程度对就业决策产生直接影响。在村级层面，村内劳动力是否就业、本地务农、本地非农和外地就业情况对个体劳动力相应决策均存在正面影响。

（二）家庭结构对被征地劳动力就业决策影响因素广泛存在调节作用。总体上抚养和赡养因素使劳动力就业更倾向于本地就业，家庭劳动力配置中劳动力组合存在同一化特征，同时家务劳动对其他劳动力就业具有支持作用，自然资本越多对本地务农越具有正面影响，金融资本对外地就业具有正面影响，而社会资本对外地就业具有"拉回作用"，个体劳动力的就业决策还存在村级层面的"同群效应"，但这些影响在不同家庭类型中存在不同程度的差异。此外，随着家庭结构趋向复杂，劳动力个体特征异质性加强，个体特征因素对就业决策的影响也更容易受到家庭结构的调节。家庭结构二级分类优于一级分类，能够揭示夫妻核心和标准核心家庭，以及二代标准直系、二代缺损直系和三代及以上直系家庭中劳动力就业决策影响因素的差异。如果只按照一级分类进行家庭类型划分，则会掩盖核心家庭和直系家庭内部就业决策影响因素的差异。

（三）劳动力的个人特征，家庭劳动力配置中劳动力组合等因素对就业决策的影响均受到性别和婚姻状况的调节。本书总体表明，年龄对是否就业、是否本地非农就业和是否外地就业的影响都呈倒U型分布，即随着年龄的增加，就业的机会先增多后减少，达到一定的年龄后，就业机会便逐渐减少，这也符合我国的就业现状。年龄对被征地女性和男性都有显著的影响；有无培训和健康状况对被征地女性和男性是否就业、是否本地非农就业都有显著的正面影响，表明健康状况越好，同时有技能的劳动力越容易就业。家庭劳动力外地就业对女性就业没有影响，而对男性是否就业有帮助。对女性是否本地非农就业具有负面影响，而对男性却没有影响；其他劳动力做家务对女性是否就业、是否本地非农就业和是否外地就业都具有正面支持性作用。

（四）男性比女性更倾向于就业，女性和男性在就业选择上存在性别差异，由于传统的家庭分工模式和女性的生理特征，通常就业机会不如男性多，且存在求职过程中的性别歧视，同时女性在就业选择上追求家庭效用的最大化，为兼顾家庭及子女教育，倾向于选择工作时间灵活的非正规就业。受到婚姻和家庭责任的限制，被征地女性劳动力就业通常会选择在本地非农就业。从婚姻家庭来看，结婚对女性意味着"一个基本的断裂"：离开原出生地、家庭，丧失大部分原有的家庭支持和社会支持，甚至丧失了"自主性"，需要承担起新的责任和义务：抚养和赡养。学龄前儿童数量越多，被征地女性越不可能选择就业。而学龄少儿和老年人口对被征地女性的就业没有影响。家庭中老年人口可能帮助承担部分的家务活动，从而使劳动力更多地选择就业。在其他条件相同的情况下，未婚的青年被征地女性则更容易就业，她们是否就业更多出于个人意愿的考虑，不需要承担太多的家庭责任，并且在年龄、受教育程度等方面也有比较大优势。但和男性相比，她们又会受到一些如性别、年龄、同工不同酬的歧视（徐章辉，2006）。

第七章

被征地农户的补偿款使用影响因素分析

第一节 征地补偿款使用与农户生计转型的关系

征地过程中，政府在获得农地产权的同时也需要支付一定的成本，即由土地补偿费、安置补助费、地上附着物补偿费和青苗补偿费构成的征地补偿费。土地补偿费由村集体和村民共享，其他三种补偿费由农户单独享有。征地意味着农地的产权由村集体和农户所有，变更为政府所有。在"三权分置"背景下，土地承包经营权对农户来说是一种可以使用的自然资本，土地征收或征用使农户自然资本减少。农户在土地自然资本减少的同时获得征地补偿费，这是以自然资本换取金融资本的交易，但在现实中农户只能以一定比例获得征地补偿费分配，这是因为农村土地的承包权和经营权为农户所有，所有权为集体所有。由于集体提留的部分不由农户所掌握，本章研究只关注可以由农户直接支配的征地补偿费，为避免概念混淆，将这部分由农户支配的征地补偿费称为征地补偿款。

农户对于土地征收或征用的态度是复杂的，有的农户害怕被征地，因为土地是他们生计的最后保障，有的农户则希望被征地，因为通过征地他们能获得征地补偿款（王伟林等，2009；许恒周、郭玉燕，2011）。近年来政府虽然采取"土地换保障"、住房安置、划地安置、招工安置等多种非货币化的征地补偿方式,但货币补偿仍然是各地普遍采取的办法。这就意味着,被征地农户往往能一次性获得一笔可观的现金收入。尽管已有研究对被征地农户货币补偿进行了广泛的讨论,但关于被征地农户补偿款用途的定量研究,却几近空白。被征地农户到底是如何使用补偿款的?影响他们使用补偿款方式的原因是什么?这些问题,对深入评估征地货币补偿模式以及改进当前征地政策,具有重要意义。

被征地农户开始使用征地补偿款这一时点,农户的人力资本、金融资本、物质资本、社会资本并未发生明显变化,而自然资本已经发生了根本性变化,原来的自然资本变换成了征地后的自然资本和补偿款。总体上认为,作为生计策略一部分的被征地农户补偿款的使用,受到脆弱性背景,家庭原来拥有的人力资本、金融资本、物质资本、社会资本,征地后的自然资本以及征地政策制度的综合影响。

第二节 补偿款使用影响因素分析

一 模型设定和变量处理

1. 模型设定

关于征地补偿款使用影响因素,采用多元 Logistic 模型进行分析。多元 Logistic 回归是二元 Logistic 回归的扩展,适用于当因变量的分类大于两类时。被征地农户补偿款用途影响因素模型可以表达为

$$way_i = \ln\frac{p_{ji}}{p_{ki}} = \alpha_i + \beta_1 physical_{i1} + \beta_2 human_{i1} + \beta_3 financial_{i1} +$$

$$\beta_4 social_{i1} + \beta_5 natural_{i2} + \beta_6 compen_i + \beta_7 area_i + \varepsilon_i$$

式中 way_i 表示补偿款使用类型,p_{ji} 和 p_{ki} 分别表示第 i 个农户任意两种补偿款使用类型的概率,$physical_{i1}$、$human_{i1}$、$financial_{i1}$、$social_{i1}$ 分别表示征地前农户的物质资本、人力资本、金融资本和社会资本,$natural_{i2}$、$physical_{i2}$、$financial_{i2}$、$social_{i2}$ 分别表示征地后农户的自然资本、物质资本、金融资本和社会资本,inc_{i2} 表示征地后的收入,$compen_i$ 表示征地补偿款数量,$compen_i * \beta_9 way_i$ 表示征地补偿款数量和用途的交叉变量,

$area_i$ 为地区虚拟变量，它作为脆弱性背景的代理变量，ε_i 是随机干扰项。

2. 生计资本变量处理

农户调查数据分别详细记录了被征地农户 5 种生计资本的状况，每种生计资本的调查由多个二级指标组成，如表 7—1 所示。为了将众多调查生计资本的指标合并为 5 个一级指标变量，使用因子分析及其因子综合得分进行计算。

3. 补偿款用途变量处理

由于征地补偿款的用途包括 12 个方面，若直接作为变量进行回归，容易导致类别太多不易发现规律、多重共线性等问题。为了避免这些问题更好揭示补偿款用途特征，采用聚类方法，将具有相似补偿款使用特征的农户归到同一类中。目前主要的聚类分析方法有系统聚类、K 均值聚类和两步聚类法（Two-Step Cluster，TSC）。基于数据特点，本章采用两步聚类法，它在计算中分为两个阶段，第一阶段是对原始样本进行分析，建立类别特征树；第二阶段使用类别特征树代替原始样本进行聚类，并根据 Schwarz Bayesian 准则（BIC）或 Akaike 信息准则（AIC）自动确定可能的类别数。最后根据轮廓系数（silhouette coefficient）选择合适的聚类类别，silhouette 系数结合了凝聚度和分离度，其值在 -1 到 +1 之间取值，值越大表示聚类效果越好。通过类别数量与轮廓系数的综合衡量，本书将农户补偿款类型分为 4 类，此时 silhouette 系数为 0.6。不同补偿款使用类型的农户生计资本如表 7—1 所示。

表 7—1 不同补偿款用途的农户生计资本均值情况

	way_1	way_2	way_3	way_4
用途特征	储蓄为主、日常生活开支为辅	非农经营、医疗支出、教育培训、红白喜事、日常生活、购买保险、储蓄、还债等综合使用	全为日常生活开支	改善住房为主、日常生活开支为辅
农户数量（户）	107	221	132	160
比例（%）	17.26	35.65	21.29	25.81

续表

用途特征	way_1 储蓄为主、日常生活开支为辅	way_2 非农经营、医疗支出、教育培训、红白喜事、日常生活、购买保险、储蓄、还债等综合使用	way_3 全为日常生活开支	way_4 改善住房为主、日常生活开支为辅
$natural_{i1}$	0.090	−0.064	0.083	−0.040
$physical_{i1}$	0.153	−0.036	0.002	−0.054
$financial_{i1}$	0.181	−0.055	−0.011	−0.036
$social_{i1}$	0.092	−0.013	0.016	−0.057
$natural_{i2}$	0.097	−0.059	0.029	−0.008
$physical_{i2}$	0.000	−0.076	0.017	0.091
$financial_{i2}$	0.250	0.026	−0.144	−0.084
$human_{i2}$	0.122	−0.071	0.013	0.006
$social_{i2}$	0.075	−0.016	0.011	−0.038

二 回归结果及其解释

征地补偿款使用影响因素的模型估计结果如表7—2所示。模型中删除了补偿款为0元的样本，同时对补偿款进行无量纲化处理。由于调查中只考察了征地后农户的人力资本，而人力资本又是一个长期投资的过程，回归中使用征地后人力资本变量代替征地前人力资本变量。以第二类农户作为参照，模型1比较第一类与第二类农户；模型2比较第三类与第二类农户；模型3比较第四类与第二类农户。回归变量的方差膨胀因子（VIF）均小于10，不存在显著的多重共线性问题，根据Cox and Snell和Nagelkerke检验，分别有23.0%和24.7%的变异可以被模型解释，总体上模型拟合结果良好。

从模型1看，补偿款以储蓄为主日常生活开支为辅的农户相比综合使用的农户，征地前金融资本、征地后自然资本越多的农户，更倾向于选择储蓄为主日常生活开支为辅的策略，这可能是由于金融资本和自然资本水平较高的农户拥有更强的生计能力，他们的平时收入足以应付各项开支，从而能将补偿款这笔预算外收入作为储蓄。九江农户比襄阳农户更不可能选择储蓄为主日常生活开支为辅的策略，这说明九江农户比襄阳农户拥有更高的脆弱性。

从模型2看，补偿款全部以日常生活开支为主的农户相比综合使用的农户，征地前物质资本越多的农户，更倾向于选择全部日常生活开支的策略，这可能是由于拥有更高物质资本的农户，维持日常生活所需要的开销越大，如调查中有的被征地农户住进安置楼房之后，水、电、燃气等消费明显比征地前增加。征地后自然资本越多的农户，也更倾向于选择全部日常生活开支的策略，可能的原因是，土地保障功能使他们在心理上获得更多安全感，从而更愿意在日常生活中增加支出。同时补偿款越多的农户，越不可能选择将补偿款全部作为日常生活开支，这说明金额较多的补偿款使农户实施多种使用策略成为可能。

从模型3看，补偿款以改善住房为主日常生活开支为辅的农户相比综合使用的农户，征地后自然资本越多的农户，更倾向于选择改善住房为主日常生活开支为辅的策略，这可能是由于拥有更多宅基地的农户，更倾向于修建房屋以改善住房条件。补偿款越多的农户，越不可能选择改善住房为主日常生活开支为辅的策略，这同样表明金额较多的补偿款使农户实施多种使用策略成为可能。同时，九江农户比襄阳农户更倾向于选择改善住房为主日常生活开支为辅的策略，这是由于九江征地中涉及宅基地住房拆迁较多，而新建的安置房需要农户自己花钱装修。

表7—2　　　　　　征地补偿款使用影响因素模型估计结果

	模型1 way_1/way_2		模型2 way_3/way_2		模型3 way_4/way_2	
	Exp（B）	估计系数	Exp（B）	估计系数	Exp（B）	估计系数
$physical_{i1}$	0.403	1.497	0.578**	1.782	−0.123	0.884
$financial_{i1}$	0.397**	1.487	0.197	1.217	0.249	1.283
$social_{i1}$	−0.070	0.932	−0.184	0.832	−0.189	0.828
$human_{i1}$	0.170	1.185	−0.042	0.959	0.165	1.179
$natural_{i2}$	0.796**	2.217	0.707*	2.028	0.924**	2.519

续表

	模型 1 way_1/way_2		模型 2 way_3/way_2		模型 3 way_4/way_2	
	Exp（B）	估计系数	Exp（B）	估计系数	Exp（B）	估计系数
$compen_i$	-0.051	0.950	-1.424***	0.241	-0.285**	0.752
$area_i$ （1=九江）	-0.913***	0.401	0.175	1.191	1.085***	2.960
Intercept	-0.234		-0.803***		-0.788***	

注：*、**和***分别表示10%、5%和1%的显著性水平。

第三节 结语

本章从可持续生计分析框架出发，研究了被征地农户征地补偿款的用途、影响因素与效应。本章以定性和定量相结合的方法系统分析了被征地农户补偿款用途的特征，并利用计量经济模型考察了哪些因素影响被征地农户补偿款用途。本章针对调查地区被征地农户的综合分析结论如下：

（1）农户征地补偿款用途显著受到征地后自然资本剩余量的影响。征地后不少农户仍然拥有一定数量的土地，这些自然资本越多的农户，更倾向于选择储蓄为主日常生活开支为辅、全部日常生活开支、改善住房为主日常生活开支为辅这些非生产性的策略，他们更希望依靠土地维持生计，并将补偿款作为生计补充，总体上他们的补偿款使用更加保守。

（2）征地前物质资本和金融资本显著影响补偿款用途，在相同的补偿款使用策略下，征地前物质资本、金融资本、社会资本和人力资本均对农户产生积极影响。

（3）被征地农户对补偿款既不会任意挥霍也不会全部留作养老，而是根据补偿款数量和户内资金需求作出生产性和生活性组合。征地补偿款数量显著影响补偿款用途，随着补偿款数量增多，农户倾向于通过多种方式使用补偿款，由于农户具有多方面的资金使用需求，更多的补偿款有助于满足农户多方面的资金需求。征地前金融资本较多的农户，会更多选择将补偿款作为储蓄。征地后居住方式受到改变的农户，也只能被动地接受日常生活开支的增加。

第八章

被征地农户生计策略实施效果分析

被征地农户通过实施各种生计策略,以降低征地对其生计造成的负面冲击,不同生计结果是实施不同生计策略的反馈。对调查点被征地农户实施生计策略之后的生计结果进行评价,有助于更深入理解实施不同生计策略的重要意义,也有助于为农户的生计转型提供政策启示。由于数据限制,本章仅从不同生计活动选择和补偿款使用效果两个方面进行评价。不同的生计活动会导致怎样的生计结果?不同的补偿款用途会导致怎样的影响?本章将基于数据对这两个问题进行回答。

第一节 被征地农户生计活动实施效果分析

一 模型采用

农户被征地后从事的生计活动,将会影响被征地农户的家庭纯收入。被征地农户生计结果的影响因素不仅包括脆弱性背景,征地后的自然资本、人力资本、金融资本、物质资本、社会资本以及各层面政策制度,同时也包括农户自身采取的生计活动。

对于征地后农户生计活动影响效应,采用 OLS 回归模型:

$$income_{i2} = \alpha_i + \beta_1 agriculture_{i2} + \beta_2 business_{i2} + \beta_3 employ_{i2} + \beta_4 dversity_{i2} + \beta_5 natural_{i2} + \beta_6 physical_{i2} + \beta_7 human_{i2} + \beta_8 financial_{i2} + \beta_9 social_{i2} + \beta_{10} area_i + \varepsilon_i$$

$income_{i2}$表示征地后家庭纯收入，$agriculture_{i2}$、$business_{i2}$、$employ_{i2}$分别表示征地后是否从事种养经营、种养以外经营、打工活动，$diversity_{i2}$表示征地后生计多样化，$natural_{i2}$、$physical_{i2}$、$financial_{i2}$、$social_{i2}$、$human_{i2}$分别表示征地后农户的自然资本、物质资本、人力资本、金融资本、社会资本，$area_i$为地区虚拟变量。以上变量的基本情况在前文已有介绍，这里不再赘述。

二 回归结果与解释

在家庭纯收入影响因素回归中，对家庭纯收入变量进行无量纲化处理。由于是否从事某种生计活动变量与生计多样化变量存在较强的相关性，因此在回归中将这两类变量分别进行估计。回归模型残差检验均呈正态分布，模型不存在异方差问题，模型拟合度的F值检验均在0.000显著性水平上通过检验。征地后不同生计活动对家庭纯收入影响回归结果如表8—1所示，从事种养经营仅对富裕农户家庭纯收入存在显著正面影响，而对贫困农户和中等农户没有显著影响，这可能是由于富裕农户从事的种养经营具有更大规模，从而获得规模经济。从事种养以外经营活动对全部样本农户存在显著正面影响，其中对富裕农户收入提升幅度最大，但从标准误看也表明，对富裕农户影响的差异性较高，这表明种养以外经营活动对各类征地后农户的正面影响明显，种养以外经营活动是发展生计的重要方向。从事打工活动对全部农户纯收入存在正面影响，其中对贫困农户和中等农户的作用尤为显著，这也表明打工活动是这两类农户发展生计的重要方向。从征地后生计多样化对家庭纯收入影响回归结果看（见表8—2），生计多样化对所有类型农户的增收均具有显著正面影响，这也从另一侧面反映了广泛从事种养经营、种养以外经营和打工活动有助于增强农户生计。比较两个回归结果，各项生计资本对家庭纯收入的影响较为一致，说明回归结果具有较高的稳定性。

表8—1　　　不同生计活动对被征地农户家庭纯收入影响回归模型

	全部农户		贫困农户		中等农户		富裕农户	
	系数	标准误	系数	标准误	系数	标准误	系数	标准误
$agriculture_{i2}$	0.100	0.062	-0.043	0.071	-0.097	0.070	0.673***	0.247
$business_{i2}$	0.306***	0.072	0.327***	0.103	0.191**	0.077	0.472*	0.253
$employ_{i2}$	0.352***	0.073	0.306***	0.079	0.342***	0.083	0.269	0.291
$natural_{i2}$	0.012	0.055	0.194*	0.100	0.225***	0.082	-0.216	0.133
$physical_{i2}$	0.135**	0.056	0.080	0.058	0.101	0.063	0.168	0.272
$human_{i2}$	0.090**	0.041	-0.019	0.044	0.103**	0.045	0.049	0.204
$financial_{i2}$	0.986***	0.038	1.628***	0.124	1.110***	0.058	0.874***	0.088
$social_{i2}$	0.041	0.062	0.199*	0.110	0.082	0.069	-0.117	0.191
$area_i$ (1=九江)	0.073	0.055	0.092	0.060	0.075	0.060	0.152	0.238
Constant	-0.406***	0.081	-0.156	0.099	-0.337***	0.091	-0.384	0.328
Adjusted R Square	0.620		0.668		0.590		0.546	

注：*、**和***分别表示10%、5%和1%的显著性水平。

表8—2　　　生计多样化对被征地农户家庭纯收入影响回归模型

	全部农户		贫困农户		中等农户		富裕农户	
	系数	标准误	系数	标准误	系数	标准误	系数	标准误
$diversity_{i2}$	0.178***	0.029	0.121***	0.039	0.134***	0.033	0.224**	0.096
$natural_{i2}$	-0.054	0.055	0.047	0.103	0.081	0.083	-0.170	0.135
$physical_{i2}$	0.162***	0.055	0.099*	0.058	0.150**	0.062	0.169	0.278
$human_{i2}$	0.113***	0.040	0.028	0.042	0.128***	0.044	0.058	0.205
$financial_{i2}$	0.986***	0.038	1.651***	0.127	1.116***	0.058	0.882***	0.088
$social_{i2}$	0.009	0.061	0.181	0.112	0.009	0.069	-0.090	0.195
$area_i$ (1=九江)	0.098*	0.054	0.072	0.060	0.102*	0.059	0.186	0.243
Constant	-0.324***	0.062	-0.034	0.084	-0.273***	0.070	-0.247	0.264
Adjusted R Square	0.623		0.654		0.587		0.524	

注：*、**和***分别表示10%、5%和1%的显著性水平。

第二节 被征地农户征地补偿款使用效果分析

一 模型采用

被征地农户生计结果的衡量标准并不唯一，征地后的家庭纯收入、物质资本存量、金融资本存量和人力资本存量都可以作为生计结果进行考察。生计结果考察时点之前的诸多因素，都可能成为影响农户生计结果的因素。虽然农户征地前的自然资本已经变换为征地后的自然资本和征地补偿款，但是征地后自然资本和补偿款仍然前置于生计结果。农户征地前的人力资本、金融资本、物质资本、社会资本也可能是生计结果考察时点之前重要的影响因素。在这些资源的基础上，农户实施包括使用征地补偿款在内的各种生计策略。在脆弱性背景和其他各种政策制度作用下，最终形成生计结果。总之，被征地农户生计结果的影响因素包括脆弱性背景，家庭原来拥有的人力资本、金融资本、物质资本、社会资本，征地后的自然资本，征地政策制度（补偿款数量）以及补偿款用途等生计策略。生计结果的变化主要取决于各种因素的综合作用。

关于征地补偿款使用效应，采用调节效应模型进行分析，其表达如下：

$$(inc_{i2}; physical_{i2}; financial_{i2}; social_{i2}) = \alpha_i + \beta_1 physical_{i1} + \beta_2 human_{i1} + \beta_3 financial_{i1} + \beta_4 social_{i1} + \beta_5 natural_{i2} + \beta_6 compen_i + \beta_7 way_i + \beta_8 compen_i \cdot \beta_9 way_i + \beta_{10} area_i + \varepsilon_i$$

式中包括4个被解释变量，inc_{i2}表示征地后的收入，$physical_{i2}$、$financial_{i2}$、$social_{i2}$分别表示征地后农户的物质资本、金融资本、社会资本。$physical_{i1}$、$human_{i1}$、$financial_{i1}$、$social_{i1}$分别表示征地前农户的物质资本、人力资本、金融资本、社会资本，$natural_{i2}$表示征地后自然资本，$compen_i$表示征地补偿款数量，way_i表示补偿款使用类型，$compen_i \cdot \beta_9 way_i$表示征地补偿款数量和用途的交叉变量，$area_i$为地区虚拟变量，它作为脆弱性背景的代理变量，$\varepsilon_i$是随机干扰项。

二 回归结果与解释

征地补偿款使用效应模型中，同样对补偿款进行无量纲化处理并用征地后人力资本变量代替征地前人力资本变量。4个回归模型残差，均呈正态分布，模型不存在异方差问题。通过多重共线性检验，VIF均小于3，模型不存在多重共线性问题。模型拟合度的F值检验均在0.000显著性水平上通过检验。从征地补偿款使用效应模型回归结果看，如表8—3所示。

在模型1中，储蓄为主日常生活开支为辅策略相比综合使用策略，在补偿款变量的纯调节作用下，导致储蓄为主日常生活开支为辅的农户获得更少的家庭纯收入，这表明当补偿款数量越多时，这两种使用方式的农户所带来的收入差距越大。可能的解释是，储蓄和日常生活开支都不是生产性的用途，并无助于家庭纯收入的提高，而综合使用策略中的某些用途有助于家庭纯收入的提高。全部日常生活开支策略相比综合使用策略，采用前一策略使农户获得更少的家庭纯收入，而且补偿款变量强化了这种生计结果，即随着补偿款增加，采用全部日常生活开支的农户获得的家庭纯收入越少。这同样表明，当补偿款数量越多时，这两种使用方式的农户所带来的收入差距越大，日常生活开支不是生产性用途，并无助于家庭纯收入的提高，而综合使用策略中的某些用途有助于家庭纯收入的提高。从控制变量看，征地前物质资本、金融资本、社会资本和人力资本越多的农户，使得征地后家庭纯收入越多，表明这些生计资本都具有创造财富的能力。

在模型2中，全部日常生活开支策略相比综合使用策略，在补偿款数量的纯调节作用下，导致全部日常生活开支的农户获得更少的征地后物质资本。这表明，当补偿款数量越多时，这两种使用方式的农户所带来的物质资本差距越大，日常生活开支不是生产性的用途，并无助于家庭物质资本的积累，而综合使用策略中的某些用途有助于家庭物质资本的提高。改善住房为主日常生活开支为辅策略相比综合使用策略，采用前一策略使农户获得更多的征地后物质资本。这表明改善住房为主日常生活开支为辅的策略直接导致了物质资本增加，这是因为住房条件本身是物质资本变量的重要组成部分。从控制变量看，征地前物质资本、金融资本、社会资本和人力资本越多的农户，使得征地后物质资本越多，表明这些生计资本具有创造物质资本的能力；征地后自然资本越多的农户，使得征地后物质资本越少，这可能是受到"资源诅咒"。九江的农户比襄阳农户拥有更多的物质资本。

在模型3中，全部日常生活开支策略相比综合使用策略，采用前一策略使农户获得更少的征地后金融资本，而且补偿款变量强化了这种生计结果，即随着补偿款增加，采用全部日常生活开支的农户获得的征地后金融资本越少。这同样表明，当补偿款数量越多时，这两种使用方式的农户所带来的金融资本差距越大，日常生活开支不是生产性的用途，并无助于家庭金融资本的提高，而综合使用策略中的某些用途有助于家庭金融资本的提高。从控制变量看，农户获得补偿款越多，直接导致征地后金融资本越多，这是因为拥有补偿款存款本身是金融资本变量的重要组成部分。征地前物质资本、金融资本、社会资本和人力资本越多的农户，使得征地后金融资本越多；征地后自然资本越多的农户，使得征地后金融资本越少，这同样可能是受到"资源诅咒"。

在模型4中，全部日常生活开支策略相比综合使用策略，在补偿款变量的纯调节作用下，导致全部日常生活开支的农户获得更少的征地后社会资本，这表明当补偿款数量越多时，这两种使用方式的农户所带来的社会资本差距越大，这可能是因为综合使用策略中的红白喜事支出等用途有助于家庭社会资本的提高。从控制变量看，征地前物质资本、征地前社会资本、征地后自然资本越多的农户，使得征地后社会资本越多，而征地前金融资本和人力资本并不显著影响征地后社会资本。九江的农户比襄阳农户拥有更多的社会资本。

表8—3　　　　　　征地补偿款使用效应模型回归结果

	模型1：征地后家庭纯收入		模型2：征地后物质资本		模型3：征地后金融资本		模型4：征地后社会资本	
	标准误	系数	标准误	系数	标准误	系数	标准误	系数
way_1	0.038	0.104	0.024	0.049	0.072	0.070	-0.006	0.020
way_3	-0.076*	0.041	0.018	0.019	-0.083***	0.027	-0.010	0.008
way_4	0.004	0.023	0.034***	0.011	-0.021	0.015	0.001	0.004
$way_1 * compen_i$	-0.174*	0.102	-0.064	0.048	0.015	0.068	0.005	0.019
$way_3 * compen_i$	-0.108**	0.055	-0.043*	0.026	-0.094**	0.037	-0.018*	0.010

续表

	模型1： 征地后家庭纯收入		模型2： 征地后物质资本		模型3： 征地后金融资本		模型4： 征地后社会资本	
	标准误	系数	标准误	系数	标准误	系数	标准误	系数
$way_4 * compen_i$	−0.024	0.022	−0.005	0.010	−0.018	0.015	−0.002	0.004
$compen_i$	0.072	0.050	0.020	0.024	0.145***	0.033	−0.011	0.009
$physical_{i1}$	0.134*	0.077	0.421***	0.036	0.101*	0.052	0.029**	0.015
$financial_{i1}$	0.503***	0.053	0.091***	0.025	0.425***	0.035	0.001	0.010
$social_{i1}$	0.217**	0.088	0.079*	0.041	0.148**	0.059	0.939***	0.017
$human_{i1}$	0.307***	0.053	0.114***	0.025	0.131***	0.036	0.000	0.010
$natural_{i2}$	−0.014	0.073	−0.168***	0.034	−0.033	0.049	0.025*	0.014
$area_i$ （1=九江）	0.058	0.081	0.221***	0.038	−0.056	0.054	0.060***	0.015
Intercept	−0.019	0.069	−0.168***	0.032	0.060	0.046	−0.028**	0.013
调整后的 R 平方	0.264		0.370		0.345		0.875	

注：*、**和***分别表示10%、5%和1%的显著性水平。

第三节 结语

本章从可持续生计分析框架出发，研究了被征地农户生计活动实施效果，以及征地补偿款的使用效果。本章针对调查地区被征地农户的综合分析结论如下：

（1）自然资本剩余量实质阻碍了农户的专业化分工，无助于贫困农户和中等农户收入提高。贫困农户和中等农户从事种养经营并未能明显提高收入，只有那些拥有较大规模的富裕农户能够从种养经营中提高收入。

（2）对于贫困农户来说，人力资本提高有助于他们发展生计。对所有农户来说，从事种养以外经营活动有助于生计发展。富裕农户正是借助于拥有这些生计资本的优势，征地后进一步获得可持续生计；而贫困农户生计资本比较薄弱,他们只能在某些方面获得生计突破,而提高贫困农户人力资本有助于推动他们更多从事种养以外经营活动,从而获得增收。

(3) 在相同的补偿款使用策略下,征地前物质资本、金融资本、社会资本和人力资本均对农户产生积极影响,这4种生计资本有助于农户开展生计活动。它们分别在某些方面能显著促进征地后农户家庭纯收入、物质资本、金融资本、社会资本的提高。

(4) 补偿款数量与用途相互配合,能显著影响农户征地后的家庭纯收入,以及物质资本、金融资本、社会资本的积累,当农户将补偿款用于生产性用途,同时补偿款较多时,有助于家庭纯收入、物质资本和金融资本的提高。农户在征地补偿款的使用中,综合使用策略相比储蓄为主日常生活开支为辅策略、全部日常开支策略,当补偿款越多时,越能使农户获得更多家庭纯收入。史清华等(2011)认为,征地对当地农民收入的负面影响并不显著,大部分被征地农户收入不降反升,本章研究进一步表明,家庭纯收入的变化,与补偿款数量及其关键使用策略的相互配合有关。虽然以改善住房为主日常生活开支为辅的策略能直接提高农户的物质资本,但综合使用策略相比全部日常生活开支策略,在补偿款数量调节下,更有助于农户物质资本、金融资本和社会资本的积累。早前的研究认为被征地农户在失去自然资本的同时也失去重要的社会资本、物质资本等(刘家强等,2007),但本章研究表明,家庭生计资本的变化,与补偿款数量及其关键使用策略的相互配合有关。

结论与政策建议

第一节 研究结论

本书从可持续生计分析框架出发，主要利用中部地区九江和襄阳两地被征地农户调查数据，研究了被征地农户生计策略问题。本书从被征地农户的生计策略入手，以农户和个体为基本分析单位，系统分析了被征地农户生计策略的基本特征，各种生计策略的影响因素，以及不同生计策略的效应，并同时从生计角度探讨了补偿安置政策，以使补偿安置政策更好地促进农户生计转型。为了深入研究，本书提出了一套基于生计资本测量被征地农户生计能力的方法，并利用该方法评价征地前后农户生计资本的变化。在此基础上，分别研究了生计多样化、劳动力流动这两种主要生计策略，并针对被征地农户这一特殊群体的补偿款使用策略问题展开深入研究。通过本书研究，得出的基本研究结论包括以下几方面内容。

一 生计能力变化方面

从整体上看，征地后农户的自然资本显著小于征地前水平，农户的物质资本、金融资本显著大于征地后水平。征地直接降低了农户的自然资本，但并不必然增加农户的物质资本和金融资本，仍有一定比例农户物质资本和金融资本发生下降。征地对农户的社会资本影响并不明显。与工程移民不同，由于征地往往采取就地就近安置方式，社会资本在考察期内具有稳定性。这一结论与传统观念所认为的征地破坏农村社区熟人社会网络关系并不一致。征地后农户物质资本与人力资本、金融资本、社会资本的紧密性降低，而金融资本与人力资本、社会资本的紧密性提高，这两方面的特征意味着农户物质资本提高具有突变性，同时农户随着土地被征用而被动卷入市场的程度大大提高。通过相关性研究表明，总体上农户征地前各项生计资本与征地后各项生计资本关系密切，征地前生计资本对征地后生计资本存在正面影响，但各个维度的影响重要性存在差异。

二 生计策略多样化方面

被征地农户生计多样化策略与收入水平、兼业程度和劳动力流动具有显著的关联。征地使农户的种植和养殖收入比重大幅下降，而非农经营、本地打工和外地打工的收入比重明显提高；征地引起纯农户和兼业农户大幅减少，而非农就业和无就业的名义农户均明显增多；征地后农户在农业经营领域大幅减少劳动力，而增加非农活动的劳动力，劳动力流动的突出特征表现为集中在本地非农流动。被征地农户实施生计多样化的能力依赖于一定的生计资本，生计资本的提高扩展了农户实施生计多样化的能力。从生计资本与生计多样化的倒 U 型关系看，在生计资本达到临界点之前，更多的生计资本意味着有能力实施更高水平的生计多样化；在生计资本超过临界点之后，农户降低生计多样化并非由于他们实施多样化的能力下降，而是因为更偏好于选择其他生计策略。生计多样化策略是失地农户获取可持续生计的重要途径，但当生计资本超过某个临界点后农户不再将生计多样化作为其最优的选择。在 5 种生计资本中，除物质资本外，自然资本、人力资本、金融资本和社会资本均与农户生计多样化存在倒 U 型关系，生计资本超过某个临界点之后，反而降低了农户实施生计多样化的积极性，这表明失地农户在重建生计的过程中，并非把生计多样化作为其唯一的出路，而是在收益和风险的权衡下选择某种程度的专业化。这也同时解释了在征地后农户物质资本和金融资本均值增加的情况下，为何农户的生计多样化水平反而下降。

三 劳动力流动策略方面

被征地劳动力就业决策不仅受到个体特征影响，而且受到家庭层面和村级层面因素的影响。个体特征对劳动力就业决策的影响非常明显，性别、年龄、是否户主、有无配偶、受教育程度、有无职业培训和健康状况7个个体特征变量均对就业决策产生显著影响。在家庭层面，抚养和赡养、其他劳动力配置和家庭生计资本均不同程度对就业决策产生直接影响。在村级层面，村内劳动力是否就业、本地务农、本地非农和外地就业情况对个体劳动力相应决策均存在正面影响。

家庭结构对被征地劳动力就业决策影响因素广泛存在调节作用。总体上抚养和赡养因素使劳动力就业更倾向于本地就业，家庭劳动力配置中劳动力组合存在同一化特征，同时家务劳动对其他劳动力就业具有支持作用，自然资本越多对本地务农具有正面影响，金融资本对外地就业具有正面影响，而社会资本对外地就业具有"拉回作用"，个体劳动力的就业决策还存在村级层面的"同群效应"，但这些影响在不同家庭类型中存在不同程度的差异。此外，随着家庭结构趋向复杂，劳动力个体特征异质性加强，个体特征因素对就业决策的影响也更容易受到家庭结构的调节。

家庭结构二级分类优于一级分类，能够揭示夫妻核心和标准核心家庭以及二代标准直系、二代缺损直系和三代及以上直系家庭中劳动力就业决策影响因素的差异。如果只按照一级分类进行家庭类型划分，则会掩盖核心家庭和直系家庭内部就业决策影响因素的差异。

性别对是否就业、是否本地非农就业、是否外地就业的影响都很显著，男性比女性更倾向于就业，表明女性和男性在就业选择上存在性别差异，由于传统的家庭分工模式和女性的生理特征，通常就业机会不如男性多，且存在求职过程中的性别歧视，同时女性在就业选择上追求家庭效用的最大化，为兼顾家庭及子女教育，倾向于选择工作时间灵活的非正规就业。和未婚女性相比，结婚对被征地女性是否就业没有影响，对被征地女性是否本地非农就业有显著的正面影响，但对被征地女性是否外地就业却有显著的负面影响。表明受到婚姻和家庭责任的限制，被征地女性劳动力就业通常会选择在本地非农就业。从婚姻家庭来看，结婚对女性意味着"一个基本的断裂"：离开原出生地、家庭，丧失大部分原有的家庭支持和社会支持，甚至丧失了"自主性"，需要承担起新的责任和任务：抚养和赡养。学龄前儿童数量越多，被征地女性越不可能选择就业。而学龄少儿和老年人口对被征地女性的就业没有影响。家庭中老年人口可能帮助承担部分的家务活动，从而使劳动力更多地选择就业。在其他条件相同的情况下，未婚的青年被征地女性则更容易就业，她们是否就业更多出于个人意愿的考虑，不需要承担太多的家庭责任，并且在年龄、受教育程度等方面也比较有优势。但和男性相比，她们又会受到一些如性别、年龄、同工不同酬的歧视（徐章辉，2006）。劳动力的个人特征，家庭劳动力配置中劳动力组合、家务劳动的支持作用均受到性别和婚姻状况的调节。本书总体表明，年龄对是否就业、是否本地非农就业和是否外地就业的影响都呈倒U型分布，即随着年龄的增长，就业的机会先增多后减少，达到一定的年龄以后，就业机会便会逐渐减少，这也符合我国的就业现状。年龄对被征地女性和男性都有显著的影响；有无培训和健康状况对被征地女性和男性是否就业、是否本地非农就业都有显著的正面影响，表明健康状况越好，同时有技能的劳动力越容易就业。家庭劳动力外地就业对女性就业没有影响，而对男性是否就业有帮助。对女性是否本地非农就业具有负面影响，而对男性却没有影响；其他劳动力做家务对女性是否就业、是否本地非农就业和是否外地就业都具有正面支持性作用。

四　生计策略实施效果方面

依据自然资本存量继续发展种养经营，对于被征地的贫困农户和中等农户来说，不一定是有效率的选择。尽管征地后从事种养经营的农户大幅减少，被征地农户是否从事种养经营活动明显受到征地后剩余自然资本存量的正面影响，自然资本剩余量实质阻碍了农户的专业化分工，无助于贫困农户和中等农户收入提高。征地进一步加重农村家庭承包地的细碎化，由于农业经营存在规模经济，并非所有继续从事种养经营的农户均能够获得增收，贫困和中等农户虽然从事种养经营也受到自然资本存量影响，但他们从事种养经营并未能明显提高收入，只有那些拥有较大规模的富裕农户能够从种养经营中提高收入。对于贫困农户来说，人力资本提高有助于推动他们从事种养以外经营活动，从而有助于他们发展生计。对所有农户来说，征地后农户从事种养以外经营活动明显受到自然资本、金融资本、人力资本和社会资本的正面影响，同时从事种养以外经营活动有助于生计发展。富裕农户正是借助于拥有这些生计资本的优势，征地后进一步获得可持续生计；而贫困农户生计资本比较薄弱，他们只能在某些方面获得生计突破，而提高贫困农户人力资本有助于推动他们更多从事种养以外经营活动，从而获得增收。人力资本水平的高低，对贫困农户和中等农户能否被雇用，从而获得增收具有重要影响。征地后贫困农户和中等农户是否从事打工活动，明显受到人力资本的影响，这两类农户是否从事打工活动，又显著影响他们的收入水平。实质上，在征地前贫困农户和中等农户是否从事打工活动也明显受到他们自身人力资本水平的影响。征地后由于自然资本大幅减少，剩余自然资本的水平与是否从事打工活动的关系发生了根本性变化，即从征地前两者的替代关系，变为征地后两者不存在替代关系。

农户征地补偿款（以下简称补偿款）用途显著受到征地后自然资本剩余量的影响，更多的自然资本剩余量阻碍了农户的专业化分工，最终对财富创造带来负面影响。征地后不少农户仍然拥有一定数量的土地，这些自然资本越多的农户，更倾向于选择储蓄为主日常生活开支为辅、全部日常生活开支、改善住房为主日常生活开支为辅这些非生产性的策略，他们更希望依靠土地维持生计，并将补偿款作为生计补充，总体上他们的补偿款使用更加保守。由于小规模的农地经营效率低下，经营收益十分有限，阻碍了农户从非农领域的专业化分工中获得更多收益，最终表现为征地后自然资本存量对财富创造带来负面影响。征地前物质资本和金融资本显著影响补偿款用途，在相同的补偿款使用策略下，征地前物质资本、金融资本、社会资本和人力资本均对农户产生积极影响。本书并未考虑被征地农户的其他生计策略，但可以推测，这4种生计资本有助于农户开展生计活动。它们分别在某些方面能显著促进征地后农户家庭纯收入、物质资本、金融资本、社会资本的提高。被征地农户对补偿款既不会任意挥霍也不会全部留作养老，而是根据补偿款数量和户内资金需求作出生产性和生活性组合。征地补偿款数量显著影响补偿款用途，随着补偿款增多，农户倾向于通过多种方式使用补偿款，由于农户具有多方面的资金使用需求，更多的补偿款有助于满足农户多方面的资金需求。征地前金融资本较多的农户，会更多选择将补偿款作为储蓄。征地后居住方式受到改变的农户，也只能被动地接受日常生活开支的增加。补偿款数量与用途相互配合，能显著影响农户征地后的家庭纯收入，以及物质资本、金融资本、社会资本的积累，当农户将补偿款用于生产性用途，同时补偿款较多时，有助于家庭纯收入、物质资本和金融资本的提高。农户在征地补偿款的使用中，综合使用策略相比储蓄为主日常生活开支为辅策略、全部日常开支策略，当补偿款越多时，越能使农户获得更多家庭纯收入。家庭纯收入的变化，与补偿款数量及其关键使用策略的相互配合有关。虽然以改善住房为主日常生活开支为辅的策略能直接提高农户的物质资本，但综合使用策略相比全部日常生活开支策略，在补偿款数量调节下，更有助于农户物质资本、金融资本和社会资本的积累。

第二节 政策建议

征地政策目标上应明确征地补偿政策。首先，是为了恢复和发展被征地农户的生计能力，而增强农户生计能力的核心在于提高被征地农户的生计资本。其次，同一征地补偿政策对同一地区不同农户的生计能力影响可能是正面的，也可能是负面的，征地补偿政策方式必须区别对待不同农户家庭，给予农户更多的补偿选项。最后，被征地农户可持续生计能力建设需要从经营收入能力、工资收入能力、财产增值能力和社会保障支撑能力4个方面的生计能力建设着手。根据微观农户数据分析的研究结论，在结合宏观政策文件研究的基础上，本部分将提出切合实际情况、具有针对性的政策建议。本书政策建议的主旨是如何在现有条件下，调整政策加强对被征地农民生计的支持。具体包括两个方面，第一方面是关于被征地农民就业和社会保障方面的政策建议，第二方面是关于征地政策战略性调整的建议。

一 加强就业和社会保障支持的政策建议

更加注重就业支持政策，继续完善社会保障政策，进一步增强被征地农民的生计安全感。市场机制安置劳动力容易被理解为让被征地农民自己解决就业，这其实是一个误解，市场化就业安置，是要求征地主体利用市场机制,支持被征地农民获得合适的职业。随着市场经济改革的深化,政府并非全方位收缩其职能,而应该是有收有放,应当针对不同被征地劳动力实施积极的劳动力市场政策。被征地劳动力的积极劳动力市场政策具体包括:超越依赖于亲友信息的工作搜寻,组建多种信息平台,在被征地地区进行招聘信息宣传和职业介绍;在当地组织劳动力进行职业培训,鼓励当地用工部门更多实施岗前培训,支持年轻的被征地劳动力参加职业教育和继续教育;为当地创造新的就业岗位,通过工资补贴,鼓励当地企业同等条件下优先招聘被征地劳动力,照顾就业弱势群体,如家庭妇女、抚养和赡养负担较重的劳动力,提供灵活就业机会;创造公益性就业岗位,提高政府购买服务用工数量。同时,也应该继续完善被征地农民的养老保险政策以及其他社会保障政策,在统一年产值和区片综合地价补偿之外,为所有被征地农民安排独立的养老保险补偿金,不论城区规划内外的农民均应纳入失业保险体系,城区规划区域内的被征地农民应给予城市融入补助,这一点可以参照移民安置补贴。

(一)加大对被征地贫困农户的培训力度

为了提高被征地农户的可持续生计能力,有必要加大对贫困农户的培训,提高贫困农户人力资本。贫困农户人力资本的提高,不仅有助于他们从事种养以外经营活动,也有助于他们从事打工活动,进而提高他们的收入。对于被征地农户的培训,应该针对农户自身的文化水平,以及市场的主要需求特点,从经营方法和适宜技术两方面同时进行。

(二)鼓励被征地农户发展多样化生计

征地后农户的种养经营生计渠道被迫中断,继续从事种养经营的收入也非常有限,由此政府应通过各种措施,为被征地农户开拓增收渠道,鼓励被征地农户因地制宜,发展多样化生计。在被征地农户达到各种生计资本的临界点之前,生计多样化是值得追求的政策目标,毕竟这种政策提高了农户改进其生计安全和提高其生活水平的能力(Ellis,1998),这意味着政府可以针对贫困的弱势农户,帮助他们发展生计多样化。

(三)通过补偿款支持农户发展生计

在征地补偿总额既定的情况下,让农户获得更大比例的货币补偿不失为合理的方案。农户的补偿款使用行为是理性的，货币补偿款将生产性和生活性的资源配置组合权交给农户自己，他们更能够根据户内外的禀赋条件，选择合理的用途。同时界定征地补偿标准，提高政策支持力度。被征地农户的生计转型能否成功，很大程度上取决于补偿款的高低，合理提高补偿款额度，有助于提高被征地农户的收入增加和生计资本积累。

（四）就业支持政策应当"因户施策"

农户生计决策系统十分复杂，我们要做的不是帮助农户做决策，而是扩展其生计决策的能力，而增强农户决策能力的重要方式在于提高被征地农民可以支配的资金。不同农户家庭的生计资本状况是不同的，被征地农户更希望根据其自身的风险承受能力，选择最合意的补偿方式，各项生计资本超过临界点的农户，可能更偏好于专业化的生计策略，因此政策上不妨给予被征地农户更多的补偿方式选项，比如融资支持、专业技能培训、创业指导等。基于家庭结构研究被征地劳动力的就业决策影响因素，不同家庭类型所显示的结果表明，需要及时调整以往"一刀切"的征地补偿政策，针对不同被征地家庭"因户施策"。所谓征地过程中的"因户施策"，是指根据家庭类型以及家庭中的禀赋条件，建立家庭和个人档案，解决不同农户的家庭能力建设、就业支持、市民化等问题，改进当前征地政策存在的不足，加强不同被征地农户的家庭能力建设。政策只有跟家庭结构相配套，满足家庭成员的基本需求，才能真正使家庭成为社会健康发展的基础（王跃生，2006）。家庭具有抚养、赡养、情感满足、教育等多种功能，征地加剧了劳动力流动，这势必对家庭功能形成削弱的压力，如何尽量降低征地对家庭功能的损害，应当引起足够的重视。当前农村劳动力外出打工，引起的夫妻情感破裂、留守儿童缺乏教育和老年人"老无所依"等社会问题日益凸显。应重视被征地农户的和谐家庭建设，夫妻团聚、亲子陪伴、老人照料等家庭功能都应得到维护。征地作为一项公共政策，不仅应当算经济账，还应将不同家庭类型的家庭功能维护作为政策考量。已有的征地补偿政策对家庭能力建设的考量几乎一片空白，但这并不代表不紧迫、不重要。

（五）就业支持政策适当向被征地女性倾斜

首先，增强在政策制定中的性别平等意识，保障女性权益。消除人为的职业性别隔离，力求实现就业市场上的男女平等。根据性别差异的特点，建立灵活的工作制度，减少用人单位对女性的排斥。承认妇女生育的社会价值，改变未婚女青年的就业劣势。其次，有针对性地培训，增强被征地女性人力资本水平。在对所征用的土地给以比较充分补偿的前提下，征地安置职能部门应设立或委托相应机构，为被征地女性提供技能培训、就业指导和职业介绍。对于未婚女性来说，政府应该通过职业培训或者鼓励她们继续深造来提高文化程度和工作技能。同时，积极发展劳务中介组织为被征地女性提供"低门槛"的工作。对于年龄较大的妇女，应该鼓励她们利用征地补偿款自主创业，同时政府也应该为自主创业者提供一定的资金支持和优惠政策。最后，大力发展家政服务业，推进儿童看护、老人照料的社会化。家务劳动社会化既可以使女性从繁重的家务劳动中解放出来，又能够为社会开拓新的就业机会。加强育儿服务体系建设，降低幼儿的托育成本，这不仅会提高孩子的早期教育水平，也是对被征地女性就业的有力支持。培育老年照料市场，推进家庭养老、自我养老和社会养老相结合的方式，支持个人和机构经办农村私营养老院，为农村老年人特别是高龄老人、残疾老人提供生活护理和医疗服务，减轻已婚女性家庭照料的负担。

二 系统调整征地政策的建议

追根溯源，当前征地中存在的不足与征地政策缺乏系统思维和长远目标密切相关。正是在以往征地中缺乏个体利益与社会利益、短期利益与长远利益的系统考虑，导致被征地农民在征地中和征地后面临着严重的焦虑，对生计缺乏安全感。土地对一个地区的发展，是牵一发而动全身的要素，政府作为配置土地要素的主导者，应该具有全局思维。尤其是在征地中，应该协调好征地与农业、工业、第三产业、城镇化、就业、居民收入等方面的关系，而且也应该平衡短期与长期发展的关系。征地归根结底还是为了提高和发展生产力，满足人民日益增长的物质文化需求，征地与发展的落脚点具有一致性。发展的本质是人的发展，GDP、工业的增长是实现人的发展的基础，征地中重视当代人的长远利益，是与发展的理念相一致的。因此，从系统的角度思考谋划被征地农户生计转型是征地制度的重中之重。对于农户来说，土地给予他们的不仅仅是当年的产值，而且能够带给农户一种安全感。面对征地冲突和征地后农户的生活困境，为农户的生计发展提供支持，使农户重新获得安全感，是完善征地政策的题中之义。采用系统思维考虑被征地农户的长远生计问题，当前可以从以下几个方面入手。

(一) 试点"整村推进"的征地模式

当前在征地中可将"整村推进"方式作为试点，要求地方政府在试点地区的征地，必须一次性征完该村所有土地，并将所有被征地农户纳入城镇居民。"整村推进"具有几个优点：一是可以提高农户的公平感，农民的征地公平感来源于自家不同时期，以及其他村民征地所获得的补偿情况，"整村推进"避免了农户对自身不同时期所获得的补偿情况的比较，也避免了跟其他村民的比较所导致的不公平感；二是有助于提高土地规划的整体性，避免征地之后承包地更加细碎化，也增加了政府的土地储备，有助于更好地进行城区规划和产业规划，一定数量的土地储备有可能破解强制征地的强制性困境；三是有助于更好促进农户生计转型，这一点尤为重要。整村征收使农户单次可以获得的补偿会大大增加，能够为开展其他生计活动提供有力的资金支持，使农户真正从小规模的土地中解放出来。对于暂时就业困难的农民，可以允许农民在政府储备的土地上进行暂时的垦种，提供最低的生计保障。"整村推进"的征地方式作为一种新的征地方式，在实践中必然会遇到各种各样的问题，但其具有的优势是毫无疑问的，重要的是在实践中总结经验，不断改进。

对于前期零星征地造成的土地"碎片化"问题，应当鼓励被征地农户间的剩余农地经营权自愿流转。在当前农村土地"三权分置"的政策框架下，在不改变农地所有权和承包权的前提下，鼓励农户间土地经营权的流转，有助于改变征地后农户土地愈加细碎化的状态，促进规模经营，促进农户收入增加。农地流转总体上有助于农户更好地配置资源，降低种植和养殖活动中的无效劳动，提高农户的劳动生产率。同时也应避免政府的过度介入与政策单一化，因为有些农户从事种养经营，是缺乏其他生计渠道的无奈选择，强制性流转他们的土地，只会导致他们的生计"雪上加霜"。

(二) 逐步取消强制征地制度

经过30多年的大规模征地，城区规划面积和建成面积已经得到极大扩展，当前的新型城镇化要求集约化利用已有非农土地，而非"摊大饼"式的扩大城区面积。党的十八届三中全会针对当前城镇化发展阶段，也明确提出要缩小征地范围。集约化的城镇化发展背景为改变强制征地提供了前提。强制征地政策的出台背景是为了公共利益征地，而随着市场经济改革和城镇化发展，公共利益泛化下的征地，继续套用强制征地的方式，极容易异化为"野蛮征地"。在当前发展阶段，不应再片面追求征地速度，而应追求征地过程中的民众参与，将征地工作做好、做细。应改变"没有不满意就是满意"的工作态度。征地决策者和执行者应明确区分底线和目标，应该以避免激烈冲突作为底线，以被征地农户实现生计转型和发展可持续生计作为目标。注重征地过程中的农民参与，政府和农户共同进行征地后的农户生计设计。未来的征地，应该更加注重公平协商，取消征地的强制性条款，代之以政府和农民平等协商的方式进行征地。被征地农民的家庭是具有异质性的，这些异质性至少包括劳动力结构、年龄结构、性别结构、赡养状况、抚养状况、各项生计资本状况的差异。只有在平等协商基础上，才有可能改变"只求快"、"一刀切"的做法，真正做到差异化的政策支持。只有平等协商，才能够及时回应农民的各种诉求，最大限度地保护农户利益，真正确保农户不因征地而降低生活水平，同时也有助于真正约束地方政府节约用地。

（三）有序加快被征地农民市民化的步伐

征地过程中普遍存在的"要地不要人"问题，与《国家新型城镇化规划（2014—2020年）》"缩小征地范围，规范征地程序，完善对被征地农民合理、规范、多元保障机制"的精神是相悖的。新型城镇化背景下的征地政策，应当根据城市人口吸纳能力而进行科学的征地规划，以家庭为单位将农村人口转化为城市人口，在根本上消除被征地农民一系列的社会保障和社会福利问题，且不破坏家庭团圆。征地不应成为破坏地区稳定的"潘多拉魔盒"，也不应成为被征地家庭的冲击波，而应当成为促进城镇化发展、家庭生计发展和农民市民化的服务器、助推器。因此，政府进一步合理配置公共资源，加快被征地农民的市民化，有助于失地农民问题的最终解决。

（四）适时出台《征收土地补偿安置条例》

基于生计发展、生计转型、可持续生计获得的视角，全面系统地认识补偿安置政策在所有征地政策中的核心地位,并通过法律法规形式给予明确阐释。就业支持与社会保障并重、"整村推进"征地模式、以平等协商取代强制征地、有序推进被征地农户市民化四大政策的构建,是适合当前以及未来几十年发展需要的四大征地政策,可以以国务院名义出台《征收土地补偿安置条例》进行全面系统规定,以方便地方政府正确理解关于征地补偿安置的政策,并真正落实。

参考文献

[1] [俄] A. 恰亚诺夫：《农民经济组织》，中央编译出版社1996年版。

[2] 《中国城市发展报告》编委会：《中国城市发展报告2012年》，中国城市出版社2013年版。

[3] [印] 阿马蒂亚·森：《以自由看待发展》，中国人民大学出版社2002年版。

[4] 白南生：《中国的城市化》，《管理世界》2003年第11期。

[5] 鲍海君、吴次芳：《论失地农民社会保障体系建设》，《管理世界》2002年第10期。

[6] 毕宝德：《土地经济学（第四版）》，中国人民大学出版社2003年版。

[7] 蔡昉、王美艳：《女性劳动力供给特点与教育投资》，《江海学刊》2001年第6期。

[8] 蔡昉：《中国劳动力市场发育与就业变化》，《经济研究》2007年第7期。

[9] 常进雄：《土地能否换回失地农民的保障》，《中国农村经济》2004年第5期。

[10] 陈传波：《农户多样化选择行为实证分析》，《农业技术经济》2007年第1期。

[11] 陈浩、陈雪春、谢勇：《城镇化进程中失地农民职业分化及其影响因素研究》，《中国人口·资源与环境》2013年第6期。

[12] 陈会广、欧名豪、张潇琳：《被征地农民及其社会保障——文献评论与今后公共政策选择》，《中国土地科学》2009年第2期。

[13] 陈信勇、蓝邓骏：《失地农民社会保障的制度建构》，《中国软科

学》2004 年第 3 期。

[14] 陈正光、骆正清：《城市化进程中失地农民社会保障意愿分析——合肥市的实证研究》，《农村经济》2008 年第 8 期。

[15] 程名望、潘烜：《个人特征、家庭特征对农村非农就业影响的实证》，《中国人口·资源与环境》2012 年第 2 期。

[16] 程名望、史清华：《个人特征、家庭特征与农村剩余劳动力转移——一个基于 Probit 模型的实证分析》，《经济评论》2010 年第 4 期。

[17] 崔岷、谢明：《解析西部民族地区女性农民失地问题》，《农村经济》2007 年第 8 期。

[18] 邓大松、王曾：《城市化进程中失地农民福利水平的调查》，《经济纵横》2012 年第 5 期。

[19] 董志勇、韩旭、黄迈：《家庭结构、生产活动与农户储蓄行为》，《经济科学》2011 年第 6 期。

[20] 杜凤莲：《家庭结构、儿童看护与女性劳动参与：来自中国非农村的证据》，《世界经济文汇》2008 年第 2 期。

[21] 丁成日：《中国征地补偿制度的经济分析及征地改革建议》，《中国土地科学》2007 年第 5 期。

[22] 费孝通：《家庭结构变动中的老年赡养问题——再论中国家庭结构的变动》，《北京大学学报》（哲学社会科学版）1983 年第 3 期。

[23] 冯晓平、江立华：《农民与政府互动下的征地制度变迁》，《科学社会主义》2011 年第 6 期。

[24] 高进云、乔荣锋、张安录：《农地城市流转前后农户福利变化的模糊评价——基于森的可行能力理论》，《管理世界》2007 年第 6 期。

[25] 高进云、乔荣锋：《农地城市流转前后农户福利变化差异分析》，《中国人口·资源与环境》2011 年第 1 期。

[26] 高进云、周智、乔荣锋：《森的可行能力理论框架下土地征收对农民福利的影响测度》，《中国软科学》2010 年第 12 期。

[27] 国务院发展研究中心课题组：侯云春、韩俊、蒋省三、何宇鹏、金三林：《农民工市民化进程的总体态势与战略取向》，《改革》2011 年第 5 期。

[28] 国务院人口普查办公室、国家统计局人口和就业统计司：《中国 2010

年人口普查资料》，中国统计出版社2012年版。

[29] 胡枫：《中国农村劳动力转移的研究：一个文献综述》，《浙江社会科学》2007年第1期。

[30] 黄枫：《人口老龄化视角下家庭照料与城镇女性就业关系研究》，《财经研究》2012年第9期。

[31] 黄寰：《以就业推动失地农民的安置》，《经济问题探索》2009年第1期。

[32] 冀县卿、钱忠好：《失地农民城市适应性影响因素分析：基于江苏省的调查数据》，《中国农村经济》2011年第11期。

[33] 金丽馥：《中国农民失地问题的制度分析》，高等教育出版社2007年版。

[34] 金一虹：《非正规劳动力市场的形成和妇女就业》，《妇女研究论丛》2000年第3期。

[35] 兰巧珍：《中国农村劳动力的迁移决策及其对工资的影响——基于RUMiC农村住户追踪调查数据的实证分析》，《农业经济与管理》2016年第1期。

[36] 黎洁、李亚莉、邰秀军等：《可持续生计分析框架下西部贫困退耕山区农户生计状况分析》，《中国农村观察》2009年第5期。

[37] 李爱莲：《女性劳动力就业：特征、问题与措施》，《理论探索》2008年第1期。

[38] 李春根、杨珊、王乔等：《土地财政、补偿机理与被征地农民保障水平——以江西省南昌县为考察样本》，《财政研究》2013年第12期。

[39] 李聪、李树茁、梁义成等：《外出务工对流出地家庭生计策略的影响——来自西部山区的证据》，《当代经济科学》2010年第3期。

[40] 李飞、钟涨宝：《人力资本、社会资本与失地农民的职业获得——基于江苏省扬州市两个失地农民社区的调查》，《中国农村观察》2010年第6期。

[41] 李杰：《关于建立失地农民社会养老保障的思考》，《延边大学学报》（社会科学版）2007年第4期。

[42] 李菁、颜丹丽：《集体成员权和土地承包收益权的冲突与协调：稳

定地权与不稳定地权的对比——以西水村第八村民小组两次征地补偿费分配为例》,《中国农村观察》2011年第2期。

[43] 李军峰:《女性就业与发展困境的原因探析》,《人口学刊》2002年第5期。

[44] 李琴、孙良媛:《失地妇女就业及其收入的影响因素分析》,《世界经济文汇》2007年第3期。

[45] 李琼、杨楠:《从自愿失业到社区就业——基于上海失地女性就业状况的调查分析》,《华东理工大学学报》(社会科学版)2012年第6期。

[46] 李实:《农村妇女的就业与收入——基于山西若干样本村的实证分析》,《中国社会科学》2001年第3期。

[47] 李树茁、梁义成、Marcus W. Feldman 等:《退耕还林政策对农户生计的影响研究——基于家庭结构视角的可持续生计分析》,《公共管理学报》2010年第2期。

[48] 李小云、董强、饶小龙等:《农户脆弱性分析方法及其本土化应用》,《中国农村经济》2007年第4期。

[49] 李郁芳:《试析土地保障在农村社会保障制度建设中的作用》,《暨南学报》(哲学社会科学版)2001年第6期。

[50] 刘晓昀、TerrySicular、辛贤:《中国农村劳动力非农就业的性别差异》,《经济学(季刊)》2003年第2期。

[51] 梁鸿、褚亮、赵德余:《中国征地农民养老保障制度的经济学分析》,《人口研究》2006年第1期。

[52] 林善浪、王健:《家庭生命周期对农村劳动力转移的影响分析》,《中国农村观察》2010年第1期。

[53] 林依标:《福建省被征地农民留地安置的实践探索及政策建议》,《农业经济问题》2014年第8期。

[54] 凌文豪:《论失地农民社会保障体系的构建》,《经济问题》2010年第2期。

[55] 刘家强、罗蓉、石建昌:《可持续生计视野下的失地农民社会保障制度研究——基于成都市的调查与思考》,《人口研究》2007年第4期。

[56] 刘克春、林坚:《农村已婚妇女失地与农地流转——基于江西省农户调查的实证研究》,《中国农村经济》2005 年第 9 期。

[57] 刘岚、陈功:《我国城镇已婚妇女照料父母与自评健康的关系研究》,《人口与发展》2010 年第 5 期。

[58] 刘灵辉:《城镇化进程中户籍非农化诱发的征地补偿收益分配冲突研究》,《中国人口·资源与环境》2014 年第 2 期。

[59] 刘猛、袁斌、贾丽静等:《失地农民可持续生计研究——以大连市为例》,《城市发展研究》2009 年第 1 期。

[60] 刘卫东、彭俊:《征地补偿费用标准的合理确定》,《中国土地科学》2006 年第 1 期。

[61] 刘祥琪、陈钊、赵阳:《程序公正先于货币补偿:农民征地满意度的决定》,《管理世界》2012 年第 2 期。

[62] 刘晓霞、汪继福:《失地农民的可持续生计问题及其对策探析》,《税务与经济》2008 年第 5 期。

[63] 楼培敏:《中国城市化过程中被征地农民生活状况实证研究——以上海浦东、浙江温州和四川广元为例》,《中国农村经济》2005 年第 12 期。

[64] 卢海元:《建立健全被征地农民社会保障制度的理论思考与政策建议》,《经济学动态》2004 年第 10 期。

[65] 卢海元:《土地换保障:妥善安置失地农民的基本设想》,《中国农村观察》2003 年第 6 期。

[66] 卢海元:《以被征地农民为突破口建立城乡统一的国民社会养老保障制度》,《中国劳动》2007 年第 2 期。

[67] 陆铭、蒋仕卿、陈钊等:《摆脱城市化的低水平均衡——制度推动、社会互动与劳动力流动》,《复旦大学学报》(社会科学版)2013 年第 3 期。

[68] 罗必良、刘成香、吴小立:《资产专用性、专业化生产与农户的市场风险》,《农业经济问题》2008 年第 7 期。

[69] 马弛、张荣、彭霞:《城市化进程中失地农民就业问题研究》,《软科学》2004 年第 6 期。

[70] 马小勇、薛新娅:《中国农村社会保障制度改革:一种"土地换保

障"的方案》,《宁夏社会科学》2004 年第 3 期。

[71] 马志雄、丁士军:《基于农户理论的农户类型划分方法及其应用》,《中国农村经济》2013 年第 4 期。

[72] 马志雄、张银银、丁士军:《失地农户生计策略多样化研究》,《华南农业大学学报》(社会科学版)2016 年第 3 期。

[73] 梅士建:《构建"三位一体"的失地农民利益保障体系》,《农村经济》2007 年第 3 期。

[74] 潘静、陈广汉:《家庭决策、社会互动与劳动力流动》,《经济评论》2014 年第 3 期。

[75] 潘允康:《试论费孝通的家庭社会学思想和理论——纪念费孝通先生诞辰 100 周年》,《天津社会科学》2010 年第 2 期。

[76] 潘峰:《农民的经济行为是否符合理性?——学术争论的回顾与思考》,《农村经济》2006 年第 11 期。

[77] 乔明睿:《失地农民不同群体养老保障问题探析及政策建议——以淄博市为例》,《人口与经济》2005 年第 5 期。

[78] 沈可、章元、鄢萍:《中国女性劳动参与率下降的新解释:家庭结构变迁的视角》,《人口研究》2012 年第 5 期。

[79] 史俊宏、赵立娟:《迁移与未迁移牧户生计状况比较分析——基于内蒙古牧区牧户的调研》,《农业经济问题》2012 年第 9 期。

[80] 史清华、程名望、赵正龙:《影响我国农民工进城的农村因素的调查分析》,《开发研究》2005 年第 6 期。

[81] 史清华、晋洪涛、卓建伟:《征地一定降低农民收入吗:上海 7 村调查——兼论现行征地制度的缺陷与改革》,《管理世界》2011 年第 3 期。

[82] 宋洪远、黄华波、刘光明:《关于农村劳动力流动的政策问题分析》,《管理世界》2002 年第 5 期。

[83] 宋健:《农村养老问题研究综述》,《人口研究》2001 年第 6 期。

[84] 宋明岷:《失地农民"土地换保障"模式评析》,《福建论坛》(人文社会科学版)2007 年第 7 期。

[85] 苏东海、杨永芳:《民族地区城市化进程中失地农民权益受损的原因及对策——以宁夏回族自治区银川市为例》,《社会科学》2008

［86］苏芳、蒲欣冬、徐中民等：《生计资本与生计策略关系研究——以张掖市甘州区为例》，《中国人口·资源与环境》2009年第6期。

［87］苏芳、徐中民、尚海洋：《可持续生计分析研究综述》，《地球科学进展》2009年第1期。

［88］孙良媛、李琴、林相森：《城镇化进程中失地农村妇女就业及其影响因素——以广东省为基础的研究》，《管理世界》2007年第1期。

［89］孙绪民、周森林：《论我国失地农民的可持续生计》，《理论探讨》2007年第5期。

［90］谭琳、李军锋：《我国非正规就业的性别特征分析》，《人口研究》2003年第5期。

［91］谭深：《农村劳动力流动的性别差异》，《社会学研究》1997年第1期。

［92］唐灿：《中国城乡社会家庭结构与功能的变迁》，《浙江学刊》2005年第2期。

［93］王成超、杨玉盛：《基于农户生计策略的土地利用/覆被变化效应综述》，《地理科学进展》2012年第6期。

［94］王春超：《收入差异、流动性与地区就业集聚——基于农村劳动力转移的实证研究》，《中国农村观察》2005年第1期。

［95］王国军：《社会保障：从二元到三维——中国城乡社会保障制度的比较与统筹》，对外经济贸易大学出版社2005年版。

［96］王海燕、杨方廷、刘鲁：《标准化系数与偏相关系数的比较与应用》，《数量经济技术经济研究》2006年第9期。

［97］王姮、董晓媛：《农村贫困地区家庭幼儿照料对女性非农就业的影响》，《人口与发展》2010年第3期。

［98］王静：《对农村失地妇女自主创业问题的调研与思考》，《人口与经济》2008年第2期。

［99］王立勇、高伟：《非货币补偿制度与失地农民补偿满意度研究》，《财政研究》2014年第4期。

［100］王敏、杨宇霞：《城镇化进程中失地农民养老保障问题研究》，《重庆社会科学》2006年第4期。

[101] 王仕菊、黄贤金、陈志刚等：《基于耕地价值的征地补偿标准》，《中国土地科学》2008年第11期。

[102] 王伟、马超：《不同征地补偿模式下失地农民福利变化研究——来自准自然实验模糊评价的证据》，《经济与管理研究》2013年第4期。

[103] 王伟、马超：《基于可行能力理论的失地农民福利水平研究——以江苏省宜兴市和太仓市为例》，《农业技术经济》2013年第6期。

[104] 王伟林、黄贤金、陈志刚：《发达地区农户被征地意愿及其影响因素——基于苏州农户调查的实证研究》，《中国土地科学》2009年第4期。

[105] 王文川、马红莉：《城市化进程中失地农民的可持续生计问题》，《理论界》2006年第9期。

[106] 王晓刚、陈浩：《失地农民就业质量的影响因素分析——以武汉市江夏区龚家铺村为例》，《城市问题》2014年第1期。

[107] 王修达：《征地补偿安置中的寡与不均》，《中国农村经济》2008年第2期。

[108] 王雪青、夏妮妮、袁汝华等：《公益性项目征地补偿依据及其测算标准研究——以苏州市为例》，《资源科学》2014年第2期。

[109] 王跃生：《当代中国家庭结构变动分析》，《中国社会科学》2006年第1期。

[110] 王跃生：《家庭生命周期、夫妇生命历程与家庭结构变动——以河北农村调查数据为基础的分析》，《社会科学战线》2011年第6期。

[111] 王跃生：《中国城乡家庭结构变动分析——基于2010年人口普查数据》，《中国社会科学》2013年第12期。

[112] 王跃生：《中国家庭代际关系的理论分析》，《人口研究》2008年第4期。

[113] 魏后凯、苏红键：《中国农业转移人口市民化进程研究》，《中国人口科学》2013年第5期。

[114] 魏建斌：《关于我国失地农民社会保障问题的思考》，《农村经济》2005年第2期。

[115] 魏宁、苏群:《生育对农村已婚妇女非农就业的影响研究》,《农业经济问题》2013年第7期。

[116] 温海红、徐佳辉、郑美艳:《对西部地区社会保障制度发展的思考》,《社科纵横》2004年第3期。

[117] 温乐平:《江西省失地农民养老保险制度的现状、问题与对策——基于制度设计与政府职能视角》,《江西社会科学》2010年第4期。

[118] 吴翠萍:《失地农民中的女性再就业研究——一个城郊村落的个案呈现》,《人口与发展》2013年第5期。

[119] 吴瑞君、吴绍中、孙小铭等:《上海城市化进程中离土农民的安置和保障问题研究》,《社会科学》2004年第4期。

[120] 肖文、汤相萍:《失地农村妇女的社会保障问题研究》,《浙江大学学报》(人文社会科学版)2005年第5期。

[121] 谢勇、徐倩:《失地农民的就业状况及其影响因素研究——以南京市为例》,《农业技术经济》2010年第4期。

[122] 谢勇:《土地征用、就业冲击与就业分化——基于江苏省南京市失地农民的实证研究》,《中国人口科学》2010年第2期。

[123] 熊吉峰、丁士军:《西部贫困地区新农合制度补偿经济绩效及影响因素》,《求索》2010年第1期。

[124] 徐安琪:《夫妻伙伴关系:中国城乡的异同及其原因》,《中国人口科学》1998年第4期。

[125] 徐琴:《可行能力短缺与失地农民的困境》,《江苏社会科学》2006年第4期。

[126] 徐雪高:《农户财富水平对种植品种多样化行为的影响分析》,《农业技术经济》2011年第2期。

[127] 徐章辉:《我国城镇青年女性就业歧视状况分析》,《中国青年研究》2006年第7期。

[128] 徐汉明、盛晓春:《家庭治疗——理论基础与实践》,人民卫生出版社2010年版。

[129] 许恒周、郭玉燕:《不同发展水平地区农民被征地意愿及影响因素——基于南京市、鹰潭市的实证研究》,《中国人口·资源与环境》2011年第1期。

[130] 阎建忠、吴莹莹、张镱锂等:《青藏高原东部样带农牧民生计的多样化》,《地理学报》2009 年第 2 期。

[131] 杨翠迎、黄祖辉:《失地农民基本生活保障制度建设与实践的思考——来自浙江省的案例分析》,《农业经济问题》2004 年第 6 期。

[132] 杨翠迎:《被征地农民养老保障制度的分析与评价——以浙江省 10 个市为例》,《中国农村经济》2004 年第 5 期。

[133] 杨菊华:《从家务分工看私人空间的性别界限》,《妇女研究论丛》2006 年第 5 期。

[134] 杨善华、孙飞宇:《"社会底蕴":田野经验与思考》,《社会》2015 年第 1 期。

[135] 杨文健、仇凤仙、李潇:《二元困境下的失地农民土地换保障问题分析——基于 NJ 市 D 拆迁社区的调查研究》,《公共管理学报》2013 年第 1 期。

[136] 杨一帆:《失地农民的征地补偿与社会保障——兼论构建复合型的失地农民社会保障制度》,《财经科学》2008 年第 4 期。

[137] 杨云彦、赵锋:《可持续生计分析框架下农户生计资本的调查与分析——以南水北调(中线)工程库区为例》,《农业经济问题》2009 年第 3 期。

[138] 叶继红:《失地农民职业发展状况、影响因素与支持体系建构》,《浙江社会科学》2014 年第 8 期。

[139] 游和远、吴次芳:《农地流转、禀赋依赖与农村劳动力转移》,《管理世界》2010 年第 3 期。

[140] 于淼、伍建平:《浙江嘉兴"以土地换保障"的经验及其反思》,《中国农业大学学报》(社会科学版)2006 年第 2 期。

[141] 袁方、蔡银莺:《城市近郊被征地农民的福利变化测度——以武汉市江夏区五里界镇为实证》,《资源科学》2012 年第 3 期。

[142] 张川川:《子女数量对已婚女性劳动供给和工资的影响》,《人口与经济》2011 年第 5 期。

[143] 张时飞、唐钧、占少华:《以土地换保障:解决失地农民问题的可行之策》,《红旗文稿》2004 年第 8 期。

[144] 张务伟、张福明、杨学成:《农村劳动力就业状况的微观影响因素

及其作用机理——基于入户调查数据的实证分析》,《中国农村经济》2011年第11期。

[145] 张晓玲、卢海元、米红:《被征地农民贫困风险及安置措施研究》,《中国土地科学》2006年第1期。

[146] 张孝直:《中国农村地权的困境》,《战略与管理》2000年第5期。

[147] 张媛媛、贺利军:《城市化过程中对失地农民就业问题的再思考》,《社会科学家》2004年第2期。

[148] 赵曼、张广科:《失地农民可持续生计及其制度需求》,《财政研究》2009年第8期。

[149] 赵雪雁、李巍、杨培涛等:《生计资本对甘南高原农牧民生计活动的影响》,《中国人口·资源与环境》2011年第4期。

[150] 赵耀辉:《中国农村劳动力流动及教育在其中的作用——以四川省为基础的研究》,《经济研究》1997年第2期。

[151] 郑雄飞:《"土地换保障"权益协调机制建设——基于"公域""私域"与"第三域"的法社会学探索》,《北京社会科学》2014年第3期。

[152] 郑雄飞:《破解"土地换保障"的困境——基于"资源"视角的社会伦理学分析》,《社会学研究》2010年第6期。

[153] 周春芳、苏群:《非农化进程中农村女性人力资本投资与非农就业——基于性别差异的视角》,《农业技术经济》2008年第5期。

[154] 周春芳:《儿童看护、老人照料与农村已婚女性非农就业》,《农业技术经济》2013年第11期。

[155] 周其仁:《机会与能力——中国农村劳动力的就业和流动》,《管理世界》1997年第5期。

[156] 周义、李梦玄:《失地冲击下农民福利的改变和分化》,《农业技术经济》2014年第1期。

[157] 朱嘉蔚:《"工作——家庭"冲突中的已婚女性劳动力市场参与探析》,《江西社会科学》2011年第6期。

[158] 朱明芬:《浙江失地农民利益保障现状调查及对策》,《中国农村经济》2003年第3期。

[159] Martha G. Roberts,杨国安:《可持续发展研究方法国际进展——

脆弱性分析方法与可持续生计方法比较》,《地理科学进展》2003年第 1 期。

[160] Awudu Abdulai, Anna CroleRees. Determinants of Income Diversification Amongst Rural Households in Southern Mali. Food policy, 2001, 26 (4): 437-452.

[161] Becker, Gary Stanley, The Economics of Discrimination, 1957.

[162] Becker, Gary Stanley, A Treatise on the Family, Cambridge, Harvard University Press. 1981.

[163] Albert Berry, When do agricultural export-help the rural poor? A political-economy approach. Oxford Development Studies, 2001, 29 (2): 125-144.

[164] David M. Blau, Philip K. Robins, Child-care costs and family labor supply. The Review of Economics and Statistics, 1988, 70 (3): 374-381.

[165] S. Block, P. Webb, The Dynamics of Livelihood Diversification In Post-Famine Ethiopia. Food policy, 2001, 26 (4): 333-350.

[166] Butler. S. Comments: Making the Legal Basis for Prirate Land Rights Operational and Effective. Budapest: the World Bank Land Workshop, 2002.

[167] D. Carney, Drinkwater M., Rusinow T., etc. Sustainable Rural Livelihoods: What Contribution Can We Make?. DFID, 1999.

[168] R. Chambers, GR Conway, G. Sustainable rural livelihoods: practical concepts for the 21st century. IDS Discussion Paper 296. Brighton, Institute of Development Studies, 1992, 296.

[169] CRAMB R. A, PURCELL T, HO T. C S. Participatory Assessment of Rural Livelihoods in the Central Highlands of Vietnam. Agricultural systems, 2004, 81 (3): 255-272.

[170] Frank Ellis. Household strategies and rural livelihood diversification. The journal of development studies, 1998, 35 (1): 1-38.

[171] Frank Ellis. Rural Livelihoods and Diversity in Developing Countries. Oxford university press, 2000.

[172] Zvi Eckstein, Kenneth I. Wolpin. Dynamic labour force participation of married women and endogenous work experience. The Review of Economic Studies, 1989, 56 (3): 375 - 390.

[173] 费孝通. Peasant life in China: a field study of country life in the Yangtze Valley. George Routledge, 1939, 10 (2): 340 - 341.

[174] Farrington John, Sustainable Livelihoods, Rights and the New Architecture of Aid. Overseas Development Institute, 2001.

[175] John C. Ham, Kevin T. Reilly. Testing intertemporal substitution, implicit contracts, and hours restriction models of the labor market using micro data. The American Economic Review, 2002, 92 (4): 905 - 927.

[176] He S, Liu Y, Webster C, et al. Property rights redistribution, entitlement failure and the impoverishment of landless farmers in China. Urban studies, 2009, 46 (9): 1925 - 1949.

[177] Hussein Karim Nelson John. Sustainable Livelihoods and Livelihood Diversification, IDS Working Paper, 1998.

[178] Joshua D. Angrist William N. Evans, Children and Their Parents' Labor Supply: Evidence from Exogenous Variationin Family Size, The American Economic Review, 1998, 88 (3): 450 - 477.

[179] Julian P. Cristia, The effect of a First Child on Female Labor Supply: Evidence from Women Seeking Fertility Services, Journal of Human Resources, 2008, 43 (3): 487 - 510.

[180] Kironde. L. Comments on Management of Peri-urban Land and Land Taxation. Kampala: The World Bank Regional Land Workshop, 2002.

[181] KolodinskyJ. and S. Lee, The impact of Living with an Elder Parenton Adult Daughter's Labor Supply and Hours of Work, Journal of Family and Economic Issues, 2000, 21 (2): 149 - 175.

[182] Lewis W. Arthur. Economic development with unlimited supplies of labour. The manchester school, 1954, 22 (2): 139 - 191.

[183] Thomas A. Mahoney. Factors determining the labor-force participation of married women. Industrial and Labor Relations Review, 1961, 14

(4): 563 -577.

[184] Sara McLanahan. Family structure and the reproduction of poverty. American journal of Sociology, 1985, 90 (4): 873 -901.

[185] MengXin, Gender Earnings Gap: the role of Firm Specific Effects, Labour Economics, 2004, 11 (5): 555 -573.

[186] Moffitt Robert A, Phelan Brian J, Winkler Anne E. Welfare rules, incentives, and family structure. Nber Working Paper, 2015.

[187] Caroline O. N. Moser. The Asset Vulnerability Framework: Reassessing Urban Poverty Reduction Strategies. World development, 1998, 26 (1): 1 -19.

[188] J. A. Nelder, R. W. M. Wedderburn, Generalized Linear Models. Journal of the Royal Statistical Society, 1972, 135 (3): 370 -384.

[189] Naohiro Ogawa, John F. Ermisch. Family structure, hometime demands, and the employment patterns of Japanese married women. Journal of Labor Economics, 1996, 14 (4): 677 -702.

[190] David C. Ribar. Child care and the labor supply of married women: Reduced form evidence. Journal of human resources, 1992, 27 (1): 134 -165.

[191] Scoones I. Sustainable rural livelihoods: a framework for analysis. Working Paper-Institute of Development Studies, University of Sussex (United Kingdom), 1998.

[192] Sen, A. Famines and Poverty. London: Oxford University Press, 1981.

[193] Sharp K. Measuring Destitution: Integrating Qualitative and Quantitative Approaches in the Analysis of Survey Data. Michigan: Institute of Development Studies, 2003.

[194] Naresh Singh, Jonathan Gilman, Making Livelihoods More Sustainable. International Social Science Journal, 1999, 51 (162): 539 -545.

[195] Schultz T. W., Transforming Traditional Agriculture. New Haven: Yale University Press, 1964.

[196] J. Edward Taylor Irma Adelman, Agricultural Household Models: Genesis, Evolution and Extensions, Review of Economics of the Household, 2003, 1 (1-2): 33-58.

[197] Jane Waldfogel. The effect of children on women's wages. American sociological review, 1997, 62 (2): 209-217.

[198] Zhao Y. Labor migration and earnings differences: the case of rural China. Economic Development and Cultural Change, 1999, 47 (4): 767-782.

附　录

附表1　核心家庭和直系家庭劳动力本地务农影响因素回归结果

	核心家庭			直系家庭		
	B	Sig.	Exp（B）	B	Sig.	Exp（B）
学龄前儿童	-0.470	0.590	0.625	-0.079	0.721	0.924
学龄少儿	-0.377	0.597	0.686	0.028	0.911	1.029
老年人口	-0.533	0.370	0.587	-0.181	0.414	0.834
其他劳动力本地务农	2.267	0.000	9.654	1.747	0.000	5.740
其他劳动力本地非农	-0.237	0.440	0.789	0.091	0.514	1.096
其他劳动力外地就业	0.026	0.937	1.026	0.002	0.992	1.002
其他劳动力做家务	-0.253	0.697	0.776	-0.087	0.736	0.917
自然资本	0.362	0.241	1.436	0.292	0.149	1.339
物质资本	0.057	0.875	1.059	-0.429	0.123	0.651
金融资本	-0.567	0.255	0.567	-0.131	0.579	0.877
社会资本	0.594	0.133	1.811	0.280	0.358	1.324
性别	-0.686	0.406	0.503	-0.836	0.027	0.433
年龄	0.698	0.000	2.010	0.636	0.000	1.889
年龄平方项	-0.006	0.001	0.994	-0.006	0.000	0.994
是否户主	0.248	0.766	1.281	0.599	0.125	1.820
有无配偶	-1.116	0.198	0.327	0.674	0.257	1.962
是否党员	-2.778	0.022	0.062	0.120	0.795	1.127

续表

	核心家庭			直系家庭		
	B	Sig.	Exp（B）	B	Sig.	Exp（B）
有无养老保险	0.095	0.856	1.100	-0.112	0.718	0.894
受教育年限	-0.026	0.677	0.974	-0.002	0.962	0.998
是否参加过职业培训	0.473	0.485	1.604	-0.942	0.227	0.390
健康级别	0.020	0.903	1.020	0.031	0.811	1.032
村内本地务农比	12.122	0.008	183821.383	8.624	0.003	5561.274
Constant	-21.477	0.000	0.000	-20.450	0.000	0.000

附表2 核心家庭和直系家庭劳动力本地非农就业影响因素回归结果

	核心家庭			直系家庭		
	B	Sig.	Exp（B）	B	Sig.	Exp（B）
学龄前儿童	0.002	0.992	1.002	-0.236	0.043	0.789
学龄少儿	0.251	0.220	1.286	0.015	0.908	1.015
老年人口	-0.607	0.193	0.545	0.268	0.025	1.307
其他劳动力本地务农	-0.279	0.337	0.757	0.424	0.002	1.528
其他劳动力本地非农	0.696	0.000	2.007	0.571	0.000	1.771
其他劳动力外地就业	-0.159	0.343	0.853	-0.147	0.225	0.863
其他劳动力做家务	0.721	0.006	2.057	0.631	0.000	1.880
自然资本	0.000	0.998	1.000	-0.123	0.372	0.884
物质资本	-0.021	0.911	0.979	0.124	0.416	1.132
金融资本	0.163	0.235	1.177	-0.070	0.577	0.933
社会资本	-0.044	0.825	0.957	-0.335	0.068	0.715
性别	0.261	0.363	1.298	0.628	0.000	1.873
年龄	0.410	0.000	1.508	0.458	0.000	1.581
年龄平方项	-0.005	0.000	0.995	-0.006	0.000	0.994
是否户主	0.471	0.164	1.602	0.769	0.000	2.158

续表

	核心家庭			直系家庭		
	B	Sig.	Exp（B）	B	Sig.	Exp（B）
有无配偶	-0.264	0.563	0.768	0.637	0.010	1.890
是否党员	0.367	0.331	1.444	0.178	0.502	1.195
有无养老保险	0.109	0.617	1.115	-0.081	0.615	0.922
受教育年限	0.014	0.634	1.014	0.017	0.418	1.018
是否参加过职业培训	0.524	0.089	1.688	0.618	0.007	1.855
健康级别	0.321	0.001	1.378	0.184	0.024	1.202
村内本地非农比	3.297	0.002	27.036	3.611	0.000	37.008
Constant	-12.335	0.000	0.000	-12.840	0.000	0.000

附表3　核心家庭和直系家庭劳动力外地就业影响因素回归结果

	核心家庭			直系家庭		
	B	Sig.	Exp（B）	B	Sig.	Exp（B）
学龄前儿童	-0.776	0.197	0.460	-0.186	0.346	0.831
学龄少儿	-0.076	0.835	0.927	-0.341	0.143	0.711
老年人口	0.137	0.891	1.147	-0.090	0.624	0.914
其他劳动力本地务农	0.655	0.079	1.924	0.057	0.778	1.059
其他劳动力本地非农	-0.088	0.726	0.916	-0.023	0.859	0.977
其他劳动力外地就业	0.955	0.000	2.598	0.759	0.000	2.136
其他劳动力做家务	0.539	0.163	1.715	0.322	0.070	1.379
自然资本	-0.026	0.923	0.974	-0.024	0.909	0.976
物质资本	-0.250	0.450	0.779	-0.170	0.536	0.843
金融资本	0.132	0.489	1.141	0.400	0.021	1.491
社会资本	-1.371	0.016	0.254	0.011	0.970	1.011
性别	0.245	0.511	1.277	0.630	0.007	1.877
年龄	0.391	0.000	1.478	0.363	0.000	1.438

续表

	核心家庭			直系家庭		
	B	Sig.	Exp（B）	B	Sig.	Exp（B）
年龄平方项	-0.006	0.000	0.994	-0.006	0.000	0.994
是否户主	1.037	0.068	2.820	0.032	0.929	1.033
有无配偶	-1.567	0.023	0.209	-0.290	0.401	0.748
是否党员	-0.706	0.305	0.494	-0.739	0.154	0.477
有无养老保险	0.155	0.644	1.168	0.443	0.071	1.558
受教育年限	0.127	0.025	1.135	0.071	0.039	1.073
是否参加过职业培训	0.774	0.075	2.169	0.315	0.273	1.371
健康级别	0.075	0.700	1.078	-0.123	0.373	0.884
村内外地就业比	7.918	0.000	2746.665	8.907	0.000	7386.125
Constant	-10.653	0.000	0.000	-9.272	0.000	0.000

附表4　核心家庭和直系家庭劳动力就业影响因素回归结果

	核心家庭			直系家庭		
	B	Sig.	Exp（B）	B	Sig.	Exp（B）
学龄前儿童	-0.210	0.396	0.811	-0.329	0.009	0.719
学龄少儿	0.215	0.313	1.240	-0.021	0.879	0.979
老年人口	-0.350	0.375	0.705	0.342	0.008	1.408
其他劳动力本地务农	1.470	0.000	4.347	1.311	0.000	3.710
其他劳动力本地非农	0.677	0.000	1.969	0.648	0.000	1.912
其他劳动力外地就业	0.420	0.028	1.522	0.459	0.000	1.582
其他劳动力做家务	1.137	0.000	3.117	0.890	0.000	2.435
自然资本	0.048	0.783	1.049	-0.051	0.757	0.951
物质资本	-0.154	0.464	0.857	-0.056	0.730	0.945
金融资本	0.199	0.250	1.221	0.021	0.873	1.022
社会资本	-0.221	0.307	0.801	-0.279	0.147	0.757

续表

	核心家庭			直系家庭		
	B	Sig.	Exp（B）	B	Sig.	Exp（B）
性别	0.063	0.830	1.065	0.970	0.000	2.637
年龄	0.506	0.000	1.659	0.543	0.000	1.720
年龄平方项	-0.006	0.00	0.995	-0.007	0.000	0.993
是否户主	0.871	0.016	2.389	0.692	0.004	1.999
有无配偶	-1.230	0.014	0.292	0.396	0.111	1.486
是否党员	-0.334	0.423	0.716	-0.070	0.809	0.932
有无养老保险	0.309	0.180	1.361	0.044	0.795	1.045
受教育年限	0.041	0.195	1.042	0.031	0.160	1.031
是否参加过职业培训	1.079	0.003	2.943	0.971	0.001	2.640
健康级别	0.417	0.000	1.518	0.233	0.005	1.262
村内就业比	3.977	0.137	53.352	3.159	0.112	23.551
Constant	-14.929	0.000	0.000	-14.853	0.000	0.000

后　记

本书的完成，得益于丁士军教授的一个自然科学基金项目。

回顾笔者的求学之路，就像是在荆棘丛林中探索前行。硕士研究生阶段，主要思考制度经济学的问题，并以农民专业合作社作为硕士论文的研究主题。读博期间，开始接触农户行为的研究，终于弄明白什么是实证分析。所谓研究，必须是可以被证伪的，实证主义是科学研究的逻辑。"信言不美，美言不信"，实证分析有时是枯燥无味的，远没有形而上学的语言那么妩媚动人。

实证分析具有朴素的美。特别是当它跟实地调研数据相结合的时候，更具有生动有趣的一面。在农户行为领域的研究过程中，往往需要自己去调查获取数据。所谓行万里路，读万卷书。在跟随丁士军教授读博期间，拥有大量机会到农村进行实地农户问卷访谈。从中笔者学会了如何科学地从农民口中获取真实的信息。众多的农户调查经历，确实使笔者受益终生。

农户行为的研究确实非常有趣，因为在调查中越来越能够感受到，农民并不是冷冰冰的完全理性，反而是有限理性塑造了一个个生动的生命。农民总是活在相应的场域中，对于有的农民来说，一个村庄、一个县城，就是他眼里的整个世界。作为一个外来的调查人员，因为农民的行为而感到困惑是正常的，也往往成了研究的起点。

真正的思考，必须由自己亲自完成。这个过程是艰辛的，有时觉得是在孤独前行。但这个过程，也可以是享受的，毕竟在这个过程中，生命的深度得到了延伸。

"三农"问题的研究，必须扎根于现实，而不是只靠高深复杂的模型就能理解。所以在"三农"领域，往往是年龄较大的学者，才真正富有洞见。笔者从2007年读研究生开始，到现在已满十年。有人说，当你花十年的时间专注于某个方面的学习和思考时，就可能变成这个领域的专家。但对于中国农村问题的研究，十年时间太少。一直以来，笔者的思考主题并不专注，从农民专业合作社的思考，到农户水稻种植模式的选择分析，再到农村水土保持参与的研究，再到农民疾病医疗问题的研究，再到本书关于被征地农民生计问题的思考，看上去比较随意，这是一种遗憾。但何尝不是一种幸运，正是这些研究思考的经历，使笔者更加觉得农村贫困，农户行为是一个值得研究的领域。而当农户行为跟政策联系起来思考的时候，会觉得农户行为研究是解决"三农"问题的重要视角。

本书的思考，源于团队对被征地农户生计转型的一次调查研究。从设计参与调研，到数据的处理，笔者花了大量时间。由此也萌生了从生计策略角度系统分析被征地农民转型问题的思考。本书是最终呈现的研究成果。它只能说是笔者思考历程中的一个节点，但思考还在继续。